39歲前必須領悟的75個道理

——人生上半場，決定你下半場的成功與幸福

作者　川北義則
譯者　陳柏瑤

前言

39歲的生日是人生重大的轉換期，從此即將邁入人生的後半段，能不能夠過著豐富充實的人生，端賴目前的生活方式為基礎。

再下次的生日就是40歲了，任誰聽到「40歲」，都會感到愕然：「什麼，我已經40了嗎？」邁入中年期開始，40歲的男性就被稱之為「歐吉桑」，女性則是「歐巴桑」，儘管大家都覺得習以為常，不過那個被叫的本人恐怕就不那麼認為了。

「應該安於現狀，繼續待在這條延長線上嗎？還是應該考慮其他的轉機呢？」在即將步入40歲之前，每個人會有如此的迷惘吧！

我回想當年的自己，那也是一種轉機吧！當時我的工作是既有趣又需四處奔波的新聞記者，若繼續守在這條延長線上，將來退休後會不會後悔呢？思考許久著之後，毅然下定了決心。「雖然不知道自己能做到什麼程度，但應該就在這裡告個段落，從此試著走出自己嶄新的人生」，於是在42歲那年獨立創業了。

現在的時代，人生似乎約略可以分成兩個階段——39歲之前，和39歲之後。儘管，過去那種「在同一個公司從一而終」的觀念尚未消失，但在本書中所介紹的上班族、ＩＴ產業成功創業家、從稅務員跳槽到網路公司的人，他們都有一個共通之處，就是運用過去的職場經驗然後充分發揮所長，開展39歲後的人生。

39歲後的人生還能有多少發展，這個關鍵在於39歲前的人生究竟儲存下了多少資產。許多人以為，比起39歲前的人生，39歲後的人生「應該會隨著年齡的增長，而品質下降吧」。然而，事實卻是相反的，在完成某一階段之後，接下來設定的目標應該是更上層級的。不管活到什麼歲數，應該期許自己「仍是大有可為的」，永遠將目標放在更遠更高的地方，然後朝前邁進。

因此，在現在公司裡的工作態度就顯得格外重要了。目前，公司與員工所處的大環境也有著顯著的改變。這個時代，即使是普通的上班族，只要是擁有實力，一樣可能年收百億日圓。誰都不能再說「在小公司無法出人頭地，在大公司才能一生安泰」之類的話了。

如果在小公司工作，工作很快就能得心應手，即使還年輕也有可能被委以重任。受到重視自然能提升工作士氣，累積更多的工作經驗，甚至以自己的實力來驅動公司的未來方向。

另一方面，如果是待在大公司，就要避免被眾多的人才所淹沒。充分利用大企業的優勢，還可以磨練自己的工作經驗，無論以升遷為目標也好，或是利於跳槽轉職。大型企業，就是擁有那樣優渥的環境。

39歲後的人生，應該是充分發揮前半場所儲存積蓄的能力。為此，在「39歲生日」之前應該做的事，實在是太多了。

川北義則

目錄

目錄

第三章　不自滿，才能大步向前

目錄

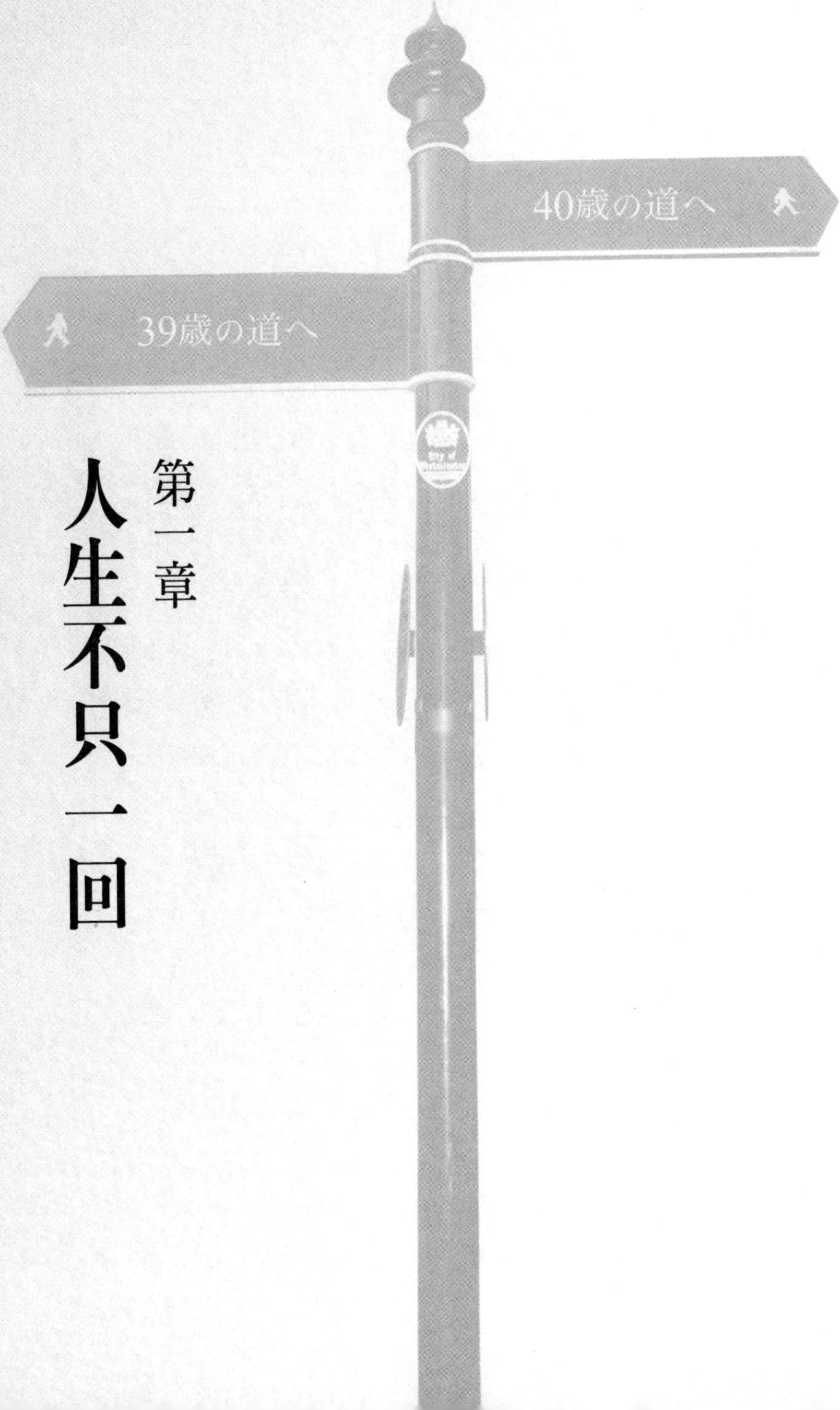

第一章
人生不只一回

1 預先準備39歲後的人生

「人生僅有一次」，根本是個謊言。

死亡確實僅有一次，但人生卻猶如「二期耕作地」。什麼是二期耕作地呢？就是一年可以耕種兩次，收穫得到不同作物的農地。

同樣的，退休前的人生與退休後的人生，是兩種不同階段的生活，因此，事前的準備就顯得非常重要了。

人生總在意外與未知中展開，等我們領悟其中的道理時，往往已經事過境遷了。

即使盡早領悟到其中道理，通常也在出了社會多年之後，所以很難論定那究竟得耗費多久的時間，但多數人約在30歲前後，才明白人生原來是這麼回事啊！儘管如此，大部分的人仍會感嘆地說：「早知如此，就……。」

過去，人生真的僅只一回，所以，英國詩人克萊爾（John Clare）曾經說過令人心有同感的話語：「如果人生可以再版的話，希望能夠重新校正。」

克萊爾的期盼，如今終能實現了。不過，為了避免重蹈覆轍，邁向39歲後的人生時，萬全的準備則是必要的。

那麼，應該從什麼時候開始準備呢？我們先以某位事業有成的上班族為例。

任職於行銷顧問公司的H，52歲提早退休後，成立了IT相關的顧問公司。千萬別以為他不過是另起爐灶罷了，其實前後兩個工作是完全不同的。

前公司屬於大型廣告代理公司，擔任的是專業領域的顧問工作。而如今則是IT相關的顧問公司，起初是獨立創業，如今則擁有六名員工，年營業額達一億日圓，堪稱是前途無限的人生。

然而，他的成就決非取決於一朝一夕。他從30歲開始即架構了目前的事業藍圖，然後一邊實驗性的展開行動，積極在業界推銷自我。

「在職期間，就培養了別人所沒有的能力或技能，在公司以外也積極展現自我的才能，期待未來能在業界佔有一席之地。」

有人認為，39歲後的人生不過是39歲前人生的延伸，其實不然。

就整體比例來說，盡快完成第一階段的人生，第二階段的人生反而更顯得充實。

不僅是H，還有許多類似的案例。過去，有人提倡「40歲退休」，由此看來那的確是個不錯的計畫。

以40歲為期限，努力過完第一階段的人生，那麼，39歲的生日就位於關鍵點上，等到邁入40歲的時候，就可以改變自己的生活態度與方式，只要有心計畫與準備，任何形式的第二階段人生，都是垂手可得。

現在，人類的平均壽命已超過80歲，以40歲為區隔，第二階段的人生更顯得長久，而且累積了過去40年的人生經驗，未來更能經營出愉悅且充實的生活。

為成就第二階段人生，愈早準備蓄勢待發，愈能接近自己所期待的目標。

2 成爲百億圓超級上班族

上班族怎麼可能名列首富？這恐怕是多數人的疑惑。但根據日本國稅局所公佈的二〇〇四年度高額納稅者名單中，位居高位的就是上班族。

其納稅額約三十億日圓，推算年收入超過一百億日圓。相信每個人必定會好奇，「身為上班族，究竟是如何賺進如此巨額的所得呢？」

其實，並沒有什麼好驚訝的，契約制（依業績額外給予獎金）的上班族等，理論上是可以獲利一百億日圓，甚至兩百億日圓。只是目前為止，尚未出現獲得如此巨額薪資者。

超級上班族的清原達郎，擔任投資基金經理人，他與公司簽訂契約，在公司獲利的同時也能得到一定比率的報酬。所以，所謂的一百億日圓的所得，即意味著他為公司賺進了更多的財富。

此案例，無疑帶給眾多上班族夢想與希望。日本社會尚有「上班族是看人臉色」的觀念，但隨著成果主義的抬頭，未來出現這類型超級上班族，也是指日可待的。

之前，發明藍綠色發光真空管的中村修二，其訴訟案喧騰一時。中村修二原本也是普通的上班族，為公司賺進了大筆財富，但卻僅獲得兩萬日圓的獎勵金。

為此感到不滿的中村辭去了工作，對前公司提出告訴，第一審時宣判獲得「兩百億日圓」的巨額賠償金。但由於該公司也對中村提出告訴，最後雙方以六億日圓達成和解。儘管如此，畢竟也是從原先的兩萬日圓提高到了六億日圓。

由於此訴訟案，其他公司也開始正視員工發明或發現的獎金報酬。同時，也激勵了一般上班族，不要輕易放棄爭取自我的權益。

對於非關發明等的工作，上班族若企圖獲得巨額的收入，簡直是「夢想中的夢想」，但清原達郎則一舉打破了此僵局。

許多上班族對於目前企業所倡導的成果主義、能力主義，皆抱持著懷疑的態度，甚至認為那是一種「減少新人人事費用的政策」。但其實，只要公司體系制度完全，每個人都有可能成為超級上班族。

不過，個人在心態上的轉換是必須的，應該擁有「為公司賺錢」的企圖心。努力工作幫助公司獲利，相對地收入自然也會增加。

無法為公司獲利，也只能安於廉價的月薪，即使換作清原，也僅能得到與勞力相同的報酬。所以，安逸於工作，卻僅是抱怨薪水太低，都是不正確的心態。

身為上班族，應當重新思索公司之於自己的意義，以前的上班族「必須絕對服從公司」，前提是安定的職位與收入。如今的上班族，可以活用公司的資金、知名度、設施等經營資源，以追求自我的夢想與目標。當然，上述的一切不僅適用於獨立創業者，而是目前社會的普遍現象。

3 與其找尋喜歡的工作，不如喜歡目前的工作

能做著自己喜歡的工作，的確是很快樂的事。既不會感到厭煩，也應該不會覺得疲累吧，而且還能事半功倍。所以，期待人們能盡心盡力工作，就是「讓他們去做自己喜歡的工作」。然而，這都是站在工作者的立場所考量的，公司方面則不可能處處令人滿意。但也可看出，人們是多麼企圖「找尋到自己喜歡的工作」。

還有一些人，對於「討厭的工作」缺乏熱誠，或是以「因為不是自己喜歡的工作，所以難有成果」為藉口，而忽略了自己的能力或努力與否的問題。

任何人都想做自己喜歡的工作，但事實上，以喜歡的工作為職業的人卻是少之又少。即使如此，多數的人們還是熱衷於自己目前的工作，而且不是得過且過的態度，是企圖在工作中尋找到繼續下去的「樂趣」。

那麼，該如何從工作中發掘到樂趣呢？最好的方法之一，就是瑞士哲學家卡爾，希爾第（Karl Hilty）所提議的方法，希爾第對工作提出了以下的看法：「總之就是去做，工作所萌生的樂趣，是從工作的過程中所湧現的。」

有趣或無聊，不去做則無法了解。因此，接觸任何工作前，試著不要有「無趣、無聊」的先入為主觀念。也不要做著做著，就立刻衍生出結論，而應該努力持續到產生樂趣為止。

「如果持續堅持下去，卻仍感覺不到樂趣呢？」

如果你有此想法，恐怕是完全不了解所謂的喜歡或討厭吧！喜歡或討厭是自己情緒的表現，與工作本身並無關聯。

若結婚對象非醫生不可，選擇的範圍自然就變得狹隘了，而那就是不利於自己的選擇。同樣地，「只想做自己喜歡的工作」，也是不利於自己的工作選擇。

任何工作都可以從中發現到樂趣，若不能發現到樂趣，則不是工作本身的問題，而是因為自己沒有能力找尋得到。如果還有時間感嘆自己無法找到喜歡的工作，還不如試著從目前的工作中找尋到有趣之處。

4 在小公司累積大經驗

剛出社會的新鮮人都期待能進入大企業，但若希望累積經驗，盡快成為獨當一面的社會人，小公司還是最佳的選擇。特別是那些擁有遠大夢想，期待在30歲、40歲以後另有發展的人，選擇大企業反而會帶來負面影響。

為何小公司較有利呢？首先先從進入大企業所帶來的負面影響說起。

進入大企業的負面影響，有以下幾點。

- 人才濟濟，難以爭取到獨當一面的工作。
- 環境舒適，缺乏追求向上的精神。
- 因公司的聲譽而備受廠商等的禮遇時，卻被曲解為那是一般的企業文化。

還有其他的部份，不勝枚舉，但以上三點就足以造成影響。儘管這些，對本人來說是極佳的優點，但就因為是優點才會構成問題。年輕時備享這樣的優渥待遇，反而會招來意想不到的苦難。

小公司的情況又如何呢？由於身處艱困的環境，必須努力才能有所收穫，反而能促使盡快進入工作狀況。

那是距今十四年前的事，有位年輕人好不容易得以進入一流企業，但他卻選擇了打工時工作的二流企業。

他選擇的公司是RECRUIT，當時還是發展中的公司，股票尚未上市，還未具有知名度。他選擇RECRUIT的理由是，「待在這家公司，感覺比較容易接觸到經營方面的工作」。

一般的大企業，40歲才能升任課長，50歲成為部長，那是一般的情況。但在RECRUIT，40歲就能擔任要員了，而那就是吸引他的地方。

在所任職的市場調查部門，他一邊累積工作經驗，另一方面則興起了使用網路進行市場調查的創意。

幸運的是，RECRUIT的制度願意支持並輔助他獨立創業，原則是該創業事業不會與其產生競爭關係。於是在進入公司十年後，他利用此制度創業了，當時他才32歲。

若待在大企業，等到那個年紀才可能接手必須獨當一面的工作，也或許還依舊是個小職員，更不可能有獨立創業的機會，但在RECRUIT卻讓他擁有了那樣的機會。

他獨立創業後，約不到五年的時間，就以ＩＴ融資企業而備受業界矚目。

他就是杉本哲哉，是股票上市公司Macromill的創業社長，如果當初去到那家大企業，恐怕就沒有今日的他了吧！

小公司的魅力在於可以自己決定公司的方向性，也易於表達出個人的意見或創意。在大企業裡決策通常都是由組織所決定，公司裡人數眾多的前輩先進，儘管身懷創意，但20、30歲時恐怕也難有一切由自己操作決定的機會。

然而，在發展中的小公司裡，這一切卻是可能發生的；而且，人們往往在被賦予責任時，才會展現真正潛在的能力，杉本等人就是最佳的例證。

5 別讓大企業埋沒了你的才能

如今，即使進入了大企業仍有可能遭到裁員的命運，再也不可能像過去，「進入一流的企業，就等於獲得了長期飯票」這樣一勞永逸的狀態。根據統計，大企業的裁員比率的確比中小企業還要高。那麼，目前待在大企業的人又該如何是好呢？最重要的是，不要被複雜的組織體系所埋沒，竭盡所能去磨練自己的可能性。

前一章節提到，小公司反而能盡快培養實力，不過大企業畢竟有大企業的優勢，不妨利用那些優勢，做好下一步的準備。

例如，大企業願意補助具有前瞻性的員工出國留學，此外，企業內部的研修制度也相當完善。但是，一般的大企業員工們，對於這樣的制度總是興趣缺缺。總覺得「自己既沒有實力，能進入這樣的公司已經心滿意足，只要不被裁員，就得過且過吧」。

事實上，有這樣想法的人是最危險的，最容易成為裁員的對象，因為他們很容易被列入名單之中。通常公司在考慮裁員名單時，首先會先排除有能力的人才，再者則是那些遭到裁員時會反彈強烈者，而最容易列入名單之中的則屬於那些乖乖牌的員工。

因此，縱使心中懷有「能進這樣的公司就心滿意足」的念頭，仍應該盡力表現出力爭上游的模樣。在大組織底下，難免會擔心自己即使努力卻仍然沒有伸展才能的機會。但擁有積極的心態是重要的，應該熱心參予公司所準備的各種進修課程。參加會議時，也應該積極發言，縱然周圍的人覺得那不過是「無智之謀」，也不要引以為意。

人在仿效的過程，經常會出現漸漸趨向現實化的情況。學習，就是要從裝模作樣開始，反覆的裝模作樣，就能體會到其中的精髓。所以，裝作努力向上的模樣，總有一天就會變得真正努力向上。

努力了，卻徒勞無功呢？其實不盡然，也許會成為其他公司挖掘的對象。例如職業棒球隊，就經常出現這樣的實例。

例如，想從實力堅強的球隊裡挖角，要取得第四棒打者或主力投手的機率極低，而即使挖掘到二線選手通常也無濟於事。

所以，最容易成為挖掘對象的則是「擁有實力卻不得志者」，縱使僅是外表看起來有實力也無所謂，因此，不要被複雜的組織體系所淹沒，仍應該盡力表現。

曾經，大企業對才能平庸者而言，就像一棵可依靠的大樹，在終身雇用制、年資制度的時代，只要得過且過就能平安升遷，或工作直到退休。

但是，如今終身僱用或年資制度已經不管用了，對於才能平庸者而言，大企業變成了「可以磨練自己的經歷，有利轉換工作的優渥環境」。目前，身處在大企業的員工，最大的課題就是學習，「不要被大環境埋沒了自我」。

6 與其惶惶不安，不如迎向挑戰

這世界上有不斷挑戰新事物的人們，也有注重安全小心生活的人們。選擇何種生活方式是個人的自由，但趁著年輕時勇於挑戰新鮮事物，絕對是錯不了的，而且也可以拓展自我的發展性。

「真想嘗試看看啊」，每個人總會出現過這樣的念頭。此時，又會出現立即付諸行動與猶豫不決兩種性格上的差異，而造成猶豫的最大原因就是「不安」。

任何人的心中，都存在著彷彿會阻礙個人成長的圍牆。根據解剖學家，也是腦部研究先驅的養老孟司先生的說法，那又稱之為「笨蛋的圍牆」。究竟，那樣的圍牆是如何產生的呢？

人類具有保護自我的本能，若生活在毫無危險的狀態下，則會企圖維持那樣的狀態。所以，當新的挑戰出現在眼前時，就會感受到現狀的變化，進而出現「不安感」。如果能換作正面思考時，也許是一種「期待感」。

人們的心理存在著那麼多的不安，然而卻沒有什麼事值得我們耗費那麼多的不安。不安，只會封閉了自我的發展。生活在現代社會的我們，其實已受到了基本的自我保障，不似舊時代隨時可能失去性命，備受自然的威脅。

因此，我們其實有著過度的不安。例如，20多歲的年輕人擔心著40歲以後的「老人年金」問題。在這樣的情況下，恐怕除了死亡之外，總是時時刻刻感到不安吧。

所謂的不安又是什麼呢，應該說是對未來的「可怕想像」吧。「自己會不會被裁員了」、「失敗了該怎麼辦」，對於尚未發生的事情，就事先預想到最糟的狀況，宛如想像著毫無實體的陰影般。

既然能夠想像，何不妨做美好的想像，然後勇於挑戰嘗試。至少，在20、30歲的階段，保持這樣的生活態度，必定能改變充實自我的人生。

7 28歲是最初的分歧點

為何在28歲換工作的人特別多？

在邁入30歲前的這個年紀，已經脫離了學生時代的青澀，也逐漸開始成為深受肯定認同的社會人。

此外，在社會或許累積了五、六年的工作經歷，也不知不覺開始懂得了人情世故或自己想做的事。

在進入30歲的關卡之際，總會想著「自己的人生該如何繼續下去」。

剛畢業而進入專門建造公寓的建設公司的S，五年來歷經了六件公寓建設相關的企劃案。其中五件是在上司的指派下工作，第六件則是自己驅動規劃的。這樣的經驗，無疑讓自己增加了自信。

不過，也產生了不安。

「再這樣下去，自己恐怕會成為只懂得建造公寓的人吧？」

儘管目前在建設公寓的專業領域上表現優異，但未來又該如何呢？若想要在不動產業界立足，是否必須擁有更豐富的經歷呢？然而，目前的公司似乎已經無法提供其他工作經歷的機會。

「是不是該換工作了？」

S想著，五年前的自己尚懵懵懂懂，但如今卻擁有了銷售公寓的經驗，無論身處何處早已具備了即戰的能力，也許可以找到其他的公司，一邊運用目前的經歷，又能累積新的經歷。

S暗地尋找新的工作，終於跳槽到企業規模較小，但逐漸展露頭角的建築設計事務所。在那裡，從商業大樓的開發到招商都必須經歷參與，身為不動產業界的一員，無疑是最佳累積經驗的場所。

我認為S的決定是正確的。僅是累積了販售公寓的經驗，對於業界的專家來說就如同初生之犢。也許有人認為，「再堅持一下也不嫌太遲」。

但是，期待累積各種經歷的人，還是趁著年輕時轉換工作。原則上，對一個期待多學習各種經驗以求獲得肯定的人來說，28歲似乎還稍嫌太遲。

年過30歲後，儘管即戰的能力倍增，但累積新經驗的機會卻頓時減少。再加上自己保守的心態，恐怕是不容易有所變動。

換句話說，28歲是人生最早遇到的重大分歧點，這個時期對於自我人生的規劃，著實影響著未來。以為自己已經能夠獨當一面了，反而鬆懈自我，或是學著前輩得過且過，可以預見未來恐怕是黯淡無光了。

8 每個世代的努力目標之一：20歲世代是記憶力

人類的腦，實在很了不得，看過的事物、經歷過的事物，絕對是忘不了的。總之，記憶力是相當卓越的。

記憶是由腦的海馬腦區所控制，然後儲存在記憶庫裡。因此，年輕時盡量可能接觸各種事物，以增加記憶的容量。

有時，與其在意結果，還不如親自力行。但不是如同風平浪靜般毫無影響力的行動，而是要讓周圍的人都覺得「這個傢伙根本太自以為是了」，才是恰得其分。

被認為自以為是的生活態度，儘管會遭致討厭或引來紛爭，但卻意外地也能受到支持與擁護。而那些種種的經驗，最後都會變成記憶留存起來。

同時，充實自我的學識也是重要的，應盡量努力學習基本的教養。「有幫助嗎？」、「有必要嗎？」不要對任何事太早下任何定論，就把一切當作是經驗，不要放棄任何學習的機會。

電腦隨著記憶體的容量的不同，作業系統也有所不同。當記憶容量不足時，也只能做些符合其容量的工作。

有這樣的故事。某個笨蛋小偷偷了東西去賣，賣得了一百日圓歡喜而歸。同伴嘲笑說：「不過是一百日圓，沒賣個一千日圓，有什麼好高興的！」小偷才恍然大悟說：「什麼，原來還有比百更多的數字啊！」

不趁著年輕時提升自己的記憶容量，就會變得與那位小偷一樣，縱使努力拼命，卻也逃脫不了記憶容量的差異。每個人的腦部結構皆大同小異，但差別就在於容量的差異問題。

提到這個話題，肯定有人會辯解「我的記憶力本來就不太好」。其實，這裡所謂的記憶，與自覺性的記憶是不同的。

容量性的記憶就如同攝影機拍攝到的光景，是收納在腦部，在意識上雖不記得全部的細節，但其實都已經刻印在腦裡了。為了保存這樣的記憶，從20歲開始就要讓腦部持續保持猶如攝影機般的運作。

9 每個世代的努力目標之二：30歲世代是創造力

記憶量再豐富，如果不能充分利用也是徒然。20歲世代所儲存的記憶，真正能運用在工作上，恐怕得等到30歲世代時，因為那時才能經手到工作的本質。除了所謂的天才之外，對於一般人而言，30歲世代是人生最初的創造時期。

在工作方面，由於累積了相當的經驗，漸漸期待享有自己的成就。過去吸收了上司或前輩的教導，如今終於可以獨當一面。此時，該如何發揮創造力，才能贏得眾人的賞識呢？

我個人認為，有兩大原則。

第一，「具有問題意識」，不要做個被動的人，應該自我對事物持有問題意識。

例如，對於自己目前所處理的工作，未感覺到任何問題點，僅是依循習得的方式認真去做，也沒有遇到任何問題且進展順利。但是，這樣的情況卻往往會令人陷入最糟的境地。

「最佳的時刻才會萌發出最糟的種子」，所以，當萬事順暢時，必須事先思考到「沒有問題就是所謂的問題」，總之，就是要具備問題意識。而這也是發揮創造力的前提，在產生問題意識的同時，必然會激發出創意火花。

第二，「保持行動力」。有人問我：「通常在什麼時候會出現創意的靈感？」我的回答是，就是處在行動中，創意的靈感通常會出現在無意識的行動裡。

任職於企劃公司的朋友，某次在八重洲書店的轉角處，突然猶如靈光乍現般想出了某個企劃的大綱；所以，走路也能激盪出創造力。聽說，牛頓也是在散步時發現了萬有引力定律。

龐大的資料存在腦部的記憶倉庫裡，隨時具備問題意識，因而不斷思考的結果，記憶庫裡的資料就會被提出來運用，腦部也猶如網路化般暢通無阻。所以，瞬間的創意乍現，需要的就是身體的律動。

許多在30歲世代即擁有傲人成績的人，多半是具備著問題意識，以及善用20歲世代所積存的記憶情報。當然，促發創意的還有積極的行動力。通常，人們的創造力是在30歲世代發揮到極致的。

10 每個世代的努力目標之三：40歲世代是判斷力

20歲世代時，縱使被認為狂妄自大，也要有體驗各種經驗的渴求，以提升腦部的記憶容量。而後，在30歲世代時要具備問題意識，以發揮創造力。如果能做到這些，必定能獲得相當的評價，也建立起自我的存在價值。那麼，40歲世代時，又該具備什麼樣的努力目標呢？

我認為，40歲世代時最需要的是判斷力。所謂的判斷力，就是「認識」、「評價」、「決斷」事物的能力，不過也同時意味著，「如何將不尋常轉換為尋常的能力」。40歲世代需要面臨種種的判斷與決策，所以應該磨練自己的判斷力。

究竟該如何磨練自己的判斷力呢？首先要培養選擇的能力，所謂的判斷，就是要從迷惘中做出抉擇。

當猶豫不決，卻又必須做出決定時，就必須仰賴判斷力。

有人覺得「自己缺乏判斷力」或「難以做出決策」。但其實只要培養選擇的能力即可，藉由選擇的過程中，再磨練自己的判斷能力。

所謂的選擇，就好像「不是這個、就是那個」，類似電腦的二進法。電腦是採用0與1的二進法，但卻發揮出驚人的運作，不過，與選擇相較起來，最困難的還是判斷能力。

因為，人類的情緒或情感，是無法以0或1來替代的。所以，電腦有所謂的極限，人類也會隨著情緒或情感的影響，而喪失了判斷力。

但人類的選擇則能補強兩者的缺點。不過，在面臨被迫選擇時，往往是帶著情緒或情感的，在那樣的情況下，則可能做出不得已的選擇。所以，累積選擇的經驗，避免受到自己的情緒或情感的影響，應該能漸漸做出自己所願意接受的選擇。

40歲世代在面臨眾多的選擇時，如何將自己的人生引導通往更充實的方向呢?雖然孔子說過「40而不惑」，但身在長壽的時代，或許人生是二期耕作地的概念更能符合目前社會的型態。

就各種層面來說，40歲世代正是面臨「重大決斷」的世代。

11 成爲一個能夠表達內心想法的人

20歲世代、30歲世代，是屬於第一階段人生最頂盛的時期，同時，也應該開始為第二階段的人生儲存資產。這個時期的人生態度，甚至會左右影響到50歲世代以後的人生。

二○○七年以後大批退休的世代群，就某些層面來說也許是最幸福的世代吧！他們年幼時經歷了貧困，長大後又享受到了富裕的生活，擁有兩種不同的經歷，也豐富了人生。

而20歲世代、30歲世代，卻未體驗過真正的貧苦，對於電視、電冰箱、吸塵器等這類的電氣科技產品，總是視為生活的必然品。

於政治方面，也是毫無動亂的時代。因此，在長輩的眼中，這些被視為不知人間疾苦的大少爺、千金小姐，因而形成了社會問題，一般人所謂的NEET（即是Not in Education, Employment or Training）與自我封閉等，也就是這種典型。

既然「不知人間疾苦」，彷彿是這些大少爺或千金小姐的專利，那何不妨善加利用這些特質。因為，那的確是過去的世代中所沒有的「優勢」，更應該善加利用。

那些「優勢」又是什麼呢?就是在優渥環境下所孕育出的「無危機意識」。而又以IT相關企業的創業家最能突顯出那樣的優勢。依據市場分析顧問西川的說法，目前前景看好IT投機事業家，依世代的區塊來劃分，又可分為以下三種。

軟體銀行（soft bank雅虎）的社長孫正義為第一世代的代表性人物，他們的年齡為40歲後段到50歲前段，算是已經過氣的團塊世代。第二世代是30歲後段到40歲的前段，代表性的人物就是樂天集團的三木浩史社長。最後是屬於第三世代的，就是活力門集團（live door）堀江貴文社長所代表的20歲後段到30歲前段的年輕世代。

以孫正義為代表的第一代創業之當初，對整個中小企業環境的認識並不深刻，也著實付出辛苦耕耘。在年功序列及終身雇用等完備的雇用制度時代下，不得不與既存的勢力對抗，以築起一己之地位。到了第二世代，社會對於投機性事業有了較廣泛的認知，比起孫正義的那個世代，顯得易於發展。

然而，現有的既存勢力如影隨形，為了因應其後所出現的第三世代，第二世代就如同企業的中間管理幹部之立場般，其結果也造成這個世代有著「面面俱到」的特徵。

這種情況可以從一個事件明顯揭露：樂天集團順利成立嶄新的職業棒球球團，而活力門集團卻潰敗。對於職棒球界的那些前輩們來說，比起堀江貴文，三木浩史「乖小孩」般面面俱到的特質，反而更得人心。但是，從今而後，必須支撐起日本未來的，卻是第三世代吧。

「這世代的人，面對上一個世代的前輩完全沒有絲毫膽怯。即使受到批判，也毫不遮掩直接地說，『是這樣嗎？只不過是守舊的制度罷了』」（西川瀧陣，《Boss月刊》二〇〇五年三月號）

我認為，第三世代是能夠說出真心話的，畢竟直到目前為止，日本人幾乎都是從不表達內心的真正想法。

然而，隨著全球化的進展，那樣的態度絕對是不行的。能否與世界潮流同步前進存續下來，就在於我們能否真心說出內心的想法，畢竟第三世代的年輕人，是不會冒冒失失追隨著前輩的腳步前進的。

12 回到原點，培養零基思考

我們經常會去預測未知，幾乎沒有任何事情不需要預測，以為也許就能因此避免掉人生方向的誤差。現在，不妨來深思這個問題。

當提到預測時，也許有些人會覺得不可思議。不過，例如「這樣做的話，就會如此」、「那個人一定是這麼想的」，其實也是一種預測，同樣的，「因為如此，所以只能如此」也是一種預測。

其實，我們的思考裡充滿著預測。而頑固不變的預測，應該可稱為「深信不疑」吧！不論說了多少次「不是這樣」，仍舊不輕易改變。究竟，為何會出現那樣固執的預測？

那多半是過去的經驗所造成的。人們容易受到經驗所左右，無論是好或壞的經驗，曾經有過的經驗，就無法去思考其他的可能性了。但是，每個人的人生都有著種種的可能性，將自己的未來設定在某個範圍之內，恐怕也是預測所造成的後果。

例如，現在始終熬不出頭的上班族，以為自己的人生就要被限定在這條延長線上，對於將來感到不安與焦慮；認為「人生沒有意義」的人，則是因為無法從過去的灰色預測中超脫出來。

那麼該如何是好呢？「過去是過去，現在開始會更好」，這樣的思考就可以了嗎？若能如此，也許多少可以令人為之振作吧！但似乎也只有人類才會為過去所牽絆，對於人生所做出的預測，當然也無法雲淡風輕地擺脫過去。

在此，我建議的是「零基思考」（zero base）的思考模式。所謂的零基思考，就是停止「可能會這樣吧」的預測。停止無論是好或是壞的預測，而回歸到問題原點的思考方式。

某位在中堅企業的研究開發部門辛勤工作十年的研究者，他一直把心思放在開發商品上，待某日突然發覺自己在研究領域中踽踽獨行，但卻對行銷與企業戰略完全一竅不通。

因此，他開始去商業學校上課，學習行銷學。公司在神戶，學校則在東京，但因為是週末上課，所以才得以學習到最先進的行銷經營方法。

上課前他是抱著「提升職能，以充實自我」的目的，但在課程終了後，卻發現自己的研究開發態度也有所改變了，以前完全無法建構的「戰略思考」，也逐漸成型。

商品的開發，或是工作企劃案的成立，預測是不可或缺的。面對這樣的情況時，要求「不要預測」是不可能的，既然必然且需要，那何妨試著讓自己的立足點回歸到零的原點上。

許多人以為自己的能力是有極限的，「不是一流大學畢業……」、「對自己的能力沒有自信」、「業績不佳」等等，但這些都是以過去為基點，對自我所設下的極限觀念。

為了從那些過去的經驗徹底解脫，就從「零基思考」做起。不論好事或壞事，都讓一切歸零，從現在開始思考，什麼是「現在的自己」最需要的。

天才音樂家莫札特認為，人們過著晚上睡覺、早上起床的生活，就如同「每晚死去，每朝脫胎換骨」，那樣的思考模式也可以算是零基思考吧。所以，他的作品無論聆聽過多少回，總有著初次體驗般的新鮮感，想必也是拜零基思考所賜吧。

13 開拓自我，沒有不可能的事

所謂根深蒂固的觀念是可怕的，當人們說：「那樣的事是不可能的！」、「絕對辦不到！」時，通常都是依據根深蒂固的觀念而做出判斷。

例如籃球，有人認為那是身高不夠高就無法參與的運動，雖然排球亦然，但總覺得身高是打籃球的必要條件。而打破此觀念的，則是美國ＮＢＡ職業籃球的選手田臥勇太。

他的身高一七三公分，就算是棒球選手來說，也算是矮小的。相信每個人都會認為，有了那樣身高的限制，不論多麼喜歡籃球，也許換個運動去試試看會更好吧！但是，他從未曾改變心志，全心全力投注於籃球，終於成為首位在美國職籃出賽的日本人。

他懷有什麼秘訣嗎？其實就是出類拔萃的精準控球與突破區域防守的速度感。投籃時，身材高挑的人有著絕對的優勢，但他以其他的能力克服了身高不足的不利性。這個事實告訴我們，只要不被固定觀念所束縛，我們的可能性是多麼無限寬廣！

多數人一直活在「極限意識」裡，例如，儘管說著「做得到或做不到都無所謂，不妨放手一搏去做自己想做的事」，但大部分的人也只是說說而已，卻無法放開步伐有所作為。

林逋的《省心錄》，其中有段優美的詩句，大意是說，不管如何的崇山峻嶺，就是要不畏艱險的往深處前去，因為深山還有提早盛開的梅花，有著梅花朵朵綻放的美景。而人生不正是應該以這樣的心態去面對嗎？

如果一直想著那是困難的事、辦不到的事，自己的可能性也愈微乎其微。其心態的癥結，說穿了就是「如果被公司裁員了，這輩子恐怕就完蛋了」的恐懼感。

這般的心態會如何剝奪掉一個人的可能性呢？不妨試著認真想想看。例如，「成為職業籃球選手」，是田臥選手從小的心願，但周圍的人卻都不相信他辦得到。

最後結果如何呢？那個堅信夢想的人實現了自己的夢想，而不相信他的人的預測都落空了。

也許有人會說：「那只是個例外，因為是田臥選手，所以才能夠辦得到，若換成別人是絕對不可能的！」

但是，這個理由卻是扭曲的，因為從未考慮到第二、第三個例外發生時的可能性。如果，出現了第二個例外時，可能會有人說：「那只是一、兩個例外罷了！」那麼，假設出現了第三個例外時呢？其實，在棒球界上已經有了類似的例子了。

野茂英雄進軍美國大聯盟時，體育新聞每天報導著日本人選手活躍的情況。而當時的結局，又曾是誰所能預測出來的呢？「那是不可能的事！」大部分的人一開始都會那麼認定的。

無論任何事，若不試著去嘗試看看，是無法得知結果的。「只要是人類腦袋想像得到的，沒有不可能的事」，反過來說，「既然是不可能的事，人類就絕對不會去考量」，而這就是人類腦部的結構。

被根深蒂固觀念所約束的人，或是凡事總認為自己不可能的人，都應該聽聽甘地曾說過的一句話，當初沒有人願意相信甘地能夠成功解放印度，但最後他做到了。

甘地說：「我確信，對一個人可能的事，對一萬人也是可能的事。」

14 打破常識，逆向思考

繼續前一章節，所謂固定的觀念，就是指隨著意識而決定自己的行動，是「根深蒂固的思考方式」，也如同「既定的觀念」。

既定的觀念，也就是已經養成的思考模式，一般稱之為「常識」。對生活而言，常識是非常必要的，但若要論及能否為我們帶來什麼，至少它不至於是個害處。

作家森鷗外果然慧眼獨具，他說：「就常識來說，是無法誕生耶穌基督，釋迦牟尼也無法成佛。」因為人們若侷限在常識的窠臼裡，不論是耶穌基督也好，釋迦牟尼也好，都無法出現，看看那些守舊的事物就可得知了。

依循常識而行，雖不至於出錯，但也沒有進步與發現，亦沒有太大的喜悅與新鮮的感動，更沒有值得驕傲的成就。偉大的成就與發明之所以讓人稱羨，即是其超脫了一般的常識，從超脫常識的世界裡衍生而出。對於那些在工作上企圖有所成就的人來說，這是必須正視的事實。

在日本全國擁有超過一千家居酒屋聯鎖店的負責人曾說過，他的經營策略就是「打破常識」，這句話的確令我印象深刻。其經營策略就是，地理位置在「人潮往來稀少的街道」也無所謂，店內的規模「愈小愈好」，同時總公司的規則也是愈「少」愈好，菜單也是在「可能的範圍內盡量精簡」。

完全採逆向思考，但卻在日本全國擁有超過一千家店鋪。但更令人驚訝的是總公司的規模，其主要的幹部只有四，五名而已，關於這個部份也超脫了一般的常識。

現在，許多企業店家透過媒體大肆報導，再加上積極的自我宣傳，即使實際情況並不如表面那樣，但也予人「了不得」的印象。但真正的智者，卻總是守在最不起眼之處，獲取了最大的成功。

為了避免受既定的觀念所桎梏，何不對所有被稱之為「常識」的一切提出質疑。常識絕非是固定不變的，而是會隨著時代而改變，就某些層面來說，就好像流行一樣。

流行與常識的不同處在於，流行是社會的表面所呈現出最先端的動向，常識則屬於中層，支撐著時代。而在最裡層則是真理。真理是亙久不變，流行與常識卻是隨時代的不同而經常異動的。在安定的時代，位於中層的常識雖不會有太大的變化，然而，進入變革期則會出現不斷的變化，生存在變革期的時代裡，就必需要對常識經常抱持懷疑的態度。

無庸置疑地，現在就處於變革期的時代，尤其邁入二十一世紀之後，變化更是快速。例如，「現在還說什麼郵政民營化」等的推託之辭，就是想要極力捍衛既得之權力，也是緊緊抓住常識不放的人們所擁有的思考模式。

我認為繼「郵政民營化」之後，「警察民營化」亦可為之。也許「警察民營化」比之「郵政民營」，聽起來更令人匪夷所思，但在美國，早已將監獄民營化了，對於監控性犯罪前科犯罪者，有時是必須依賴民間力量的。

一如預防醫學，預防法學也應該從此起步。若能如此的話，警察民營化也並非不可思議的事。甚至，陪審團制度（在日本是審判團制度），法院的民營化也是指日可待的。

「犯罪的事就讓警察去傷腦筋吧」，那是常識，亦即是受既定的觀念所約束的思考方式。現在認為「理所當然」的事，試著以懷疑的態度去思量吧！也就是將一切逆向思考之後，必定能從中發現機會的寶藏吧！

15 必須養成儲蓄的習慣

金錢是單純的東西，入不敷出的結果，就是負債。這是任何人都懂得的簡單算術。

另外，金錢是附帶利息的。目前，銀行的存款利息近乎於零，而貸款的利息卻狡猾地不斷攀升，若持續負債的狀態，恐怕會讓生活陷入危機。

相反的，若欲使資產回歸正值，即使少許的入帳，在日積月累之下也能確實穩定增加。所以趁著年輕，必須認知到這個單純明快的金錢原則。換句話說，也就是要養成儲蓄的習慣。

日本人比起其他國家來說，算是喜歡儲蓄的民族。然而，經歷經濟泡沫化的時代，人們漸漸忘記了儲蓄的重要性。有人會說：「拿到的薪水還不夠存款呢！」但那是極大的錯誤啊！

過去以來，大多數的日本人之所以能養成儲蓄習慣，絕不是因為比別人擁有多餘的金錢，只是將收入的一部分存起來，將不必要的開銷轉為存款而已。那不僅支撐起日本經濟，同時也為防範個人破產築起一道保護牆。

就像食物都有各自的產季，存錢也是有時機的。其中之一，就是50歲左右，在此階段已不需要再負擔房貸與子女的教育費用。若自己仍在職場工作，這個時期算是最能存錢的時候。

不過，還有另一個最佳的存錢期，那就是20歲世代到30歲世代的階段。若是單身，自己賺的錢可以自己支配使用，也許有人想盡情享樂，但若能將收入按照比例規劃儲蓄，應該可以存下一筆可觀的財富。

在此階段即使結婚，對儲蓄存錢的規劃也沒有任何的妨害。因為現在許多家庭夫妻都各自擁有工作，兩份收入，若能相互周詳商討規劃，同樣依照比例規劃儲蓄，存款的效率必定遠比單身時期來得更好。

處在千變萬化的時代裡，甚至不知道自己何時會出現何種變化。一年前以為自己恐怕一輩子只能當個上班族，或許有一天也會變成白手起家的企業家。此時，是最重要的還是只有金錢。

是否能存下充足立業的金錢暫且不論，重要的是若少了那個類似播種的金錢，一切恐怕都難以開始了。所以我們必須深切了解，趁著在年輕時養成儲蓄的習慣。

16 摒除趁著年輕及早擁有房子的觀念

想擁有自己的房子是極其自然的願望，但隨著時代的變遷，其實已有必要重新思考了。高度成長的時代，小家庭逐漸增加，幾乎每個人都懷有「自己的家」的夢想，結果，大多數的團塊世代都擁有了自己的房子。

有些人認為：「租房子也不錯啊！」但在土地與房價不斷上揚的時代，大部分的人認為不斷支付房租的結果，最後卻仍舊無法成為自己所有的方式，感覺是一種「損失」。

再看看現在又是如何呢？我個人以為，這是個不需要勉強購屋的時代，為什麼呢？因為父母親的世代已經擁有自己的房子了。雙親健在時，可以租屋而居，爾後只要繼承即可。

擁有兩名子女以上的家庭，若有一人外出生活時，而正好妻子（丈夫）是獨生女（子）的話，就能繼承房子。此思考模式雖與高度成長的時代相違背，不過也意味著「買房子」不再是非堅持不可的事了。

擁有一間房子，應該算是人生中最大的購物吧！因此，絕大多數的人都是貸款購得，負擔絕對不輕，年輕時實在沒有必要承受那麼大的負擔。

若能認同此觀念的話，未來也能繼承父母或配偶的住屋時，租屋而居，反而可以減輕經濟上的負擔，原本計畫購屋的資金，也能轉為充實生活或自我學習成長之用，這樣具有實際效應的金錢使用方式反而更為恰當。

再者，「只要租房子就夠了」的觀念亦不為過。既然是租屋，就沒有資產價值，移動也比較自由。太早買下房子，反而容易受到土地地理環境所約束。

例如，購屋在通勤非常不便的地方，數十年的時間都必須耗費許多時間在交通來往上。此時，在土地或住家的約束下所帶來的損失是難以估算的。

與其如此，倒不如就住在距離公司附近的地方，能充分有效的利用時間努力工作，反而顯得更有意義。即使日後從職場退休後，也能按照自己的人生規劃，屆時再另外租屋也無妨。

變化激烈的時代，最重要的是盡量減輕自身的負擔。過去，多數人皆過著為土地與房子所桎梏的人生。相對地，在那時代擁有房子也是一種地位的表徵。而現在，除了是資產價值以外，住家也僅只是生活的空間罷了。

最近的Reverse mortgage之制度，就是最佳的佐證。也就是高齡者以其房子抵押貸款的方式。待子女養育成長後，父母親就以房子抵押借款。雖是過去就有的模式，但最近卻重新備受矚目。

所借入的貸款不需要償還，因為契約中約定待亡故之後即讓出房屋產權。因此，子女們也失去了繼承的權利。一間房子具有相當的價值，子女們當然不願見見到房子最後讓給了銀行。

然而以父母親的立場而言，「子女都已經擁有了自己的房子，與其死後讓房子被賣掉，倒不如利用貸款來充實自己老後的生活」。也許那就是因為年輕人堅持趁著年輕要擁有屬於自己的家，才演變成如此之局面。

與戰後的世代相較起來，現在年輕人的居住環境是相當優渥的，實在無需堅持儘早擁有自己的房子，何不妨將心思放在自己與家人的成長或生活充實方面。

17 堅定毅力就能超脫困境

危機即是轉機——這句話每個人都聽過。我們總是勉勵自己，當面臨危機的時候，背後還是存在著幸運女神，因此不要氣餒，更要努力不懈。

然而，真的有效嗎?就實際的問題來說，發生危機時，人們依舊是害怕得不知所措。為什麼呢?因為根本無法理解，所謂「危機即是轉機」的真正涵義。

其結果又會如何呢?當未曾面對危機之時，感覺「危機即是轉機」這句話似乎十分貼切。尤其當他人面臨危機時，更是能毫不在意地輕鬆說出，但是如果情況轉變，變成是自己面臨危機時，卻只能採取「危機就是危機」的應對方式。因此，即使知道了那句話也毫無意義了。那麼，如何能真正了解「危機即是轉機」的意義，並且從現實的生活中思考與面對呢?其實，危機與轉機是一體兩面的，有著相同的結局。

例如公司裁員。遭到裁員，一般而言的確是危機。但是，如此思考的話，又有什麼好處呢？所以既然已經得出結論了，就應該盡快重新出發，才是問題的重點，不是嗎？

我曾經閱讀過擔任雅典奧運全日本女子排球隊總教練柳本昌一所著的書，書中論及他自己的經驗談。他說，打從中學開始就與排球結緣，本身也有參加奧運的經驗，更曾因為那些經歷，而成為新日本製鐵男子排球部的總教練。

新日本製鐵的排球部，在日本是屬一屬二的名門，在柳本昌一的帶領下，更贏得了日本聯盟的冠軍，可說是一帆風順的人生。不久之後，柳本昌一即被任命為體系公司的日新製鋼之總教練。雖然只是移籍轉隊，但工作內容卻是全然的不同，日新製鋼排球部是才剛成軍的隊伍，選手們個個有如門外漢。

儘管都是排球，但擁有「奧運參賽經驗」、「日本第一總教練」光輝歷史的人，卻得去教導徹頭徹尾的菜鳥，就棒球界來說，就好比星野仙一教練擔任業餘棒球隊的教練。若是本人自願倒也還好，但在未被知會的情況下，公司單方面就以人事異動的名義而要求轉任。以一般的上班族來說，就好似由總公司的部長突然被調到子公司的課長般的處境。公司內部，對球隊也極為冷淡，當時，就算是柳本昌一本人也一度陷入了藉酒消愁、極度消沉的局面。

但是過了不久，他想著：「既然事已至此，往後就在能力範圍內盡力而為吧！」他用一種置死地而後生的決心，以這樣的態度面對，似乎所有的事情都能豁然開朗了。

從此柳本昌一不再是原來的柳本昌一，從撿拾球場的垃圾到擦桌子，只要自己能做的事都盡力去做。周遭的眼光也慢慢地起了變化，排球部開始受到認同，日後，他更帶領著日新製鋼排球部直到打入日本聯盟為止。

他的訓練方式因而獲得高度評價，隨後，擔任有名的東洋紡女子排球部教練，並率領全日本女子排球代表隊，成為名符其實的一流教練。如果，當時他在日新製鋼時，即意志消沉，從此他的排球人生也就因而結束了吧！

人生有高山有深谷，有時一路平坦，亦有遍地荊棘。重要的是當陷入谷底時，要擁有不氣餒且超越困境的堅定毅力。

「失敗的隔壁，必定是接連著勝利的機會。」柳本昌一如此說道。

18 自認悲慘等於宣佈失敗

所謂的公司，就是猶如世界縮小版的組織。在那裡，也濃縮衍生出了人類社會的所有種種。有了競爭，就有忌妒、羨慕、愛恨、欺負、背叛……，既然是個什麼都有的世界，當然也有痛苦與憤怒的事情。

也許有時甚至會覺得自己很悲慘，但是，即使再氣憤也絕對不要認為自己是悲慘的，一旦產生念頭的瞬間，你也終究宣告結束了。

人們會在什麼時候感覺到自己是悲慘的呢？那就是慘敗的時候。因此，當燃起那樣念頭的瞬間，也等於你向公司所有的人宣佈自己的失敗。沒有人希望成為失敗者，所以也絕對不要認為自己是悲慘的。

某個擁有二十年以上資歷的營業員N，努力辛勤地提升公司的業績，但最後公司仍陷入經營不善的困境，他為了避免遭到裁員而開始擬定提早退職的計畫。公司方面說：「既然沒有人自願離職，最後也只有施行裁員。」員工們無不陷入難以抉擇的處境，最後N狠下心決定離職了，那一年他43歲。

他試著到人才派遣公司登記求職，但卻無法立刻找到工作。之後靠著過去擔任營業員的人脈，有人以「負責新開發事業」的極優渥條件邀請他進入新公司。但是，過了半年的試用期間，卻被又被調到舊部門擔任營業員。

新成立的事業部門依然存在，但卻被調到舊部門的營業第一線，姑且不論與當時的約定不符，但事實擺明了就是降職。N馬上明白了公司的用意，過去長久以來自己所擁有的營業能力，與這家公司所期待的有所不同。

最大的不同在於速度方面。於是，公司方面經過半年的試用期，看出了N的實力，明白他不適任新開發的事業部，因而作出了那樣的決定

「原來我的工作方式已經不符合時代需求了，至少若繼續待在這家公司，是不會被認同的。」

面對如此的狀況，應該算是相當悲慘的吧！然而，N卻沒有陷入悲慘的愁雲慘霧中，一年後他辭去了工作獨立創業。

關於他的創業，其實源自於他妻子的一句話。當時他還在公司任職，卻為了不知該如何是好而迷惘。N忍不住說了：「好想辭去工作啊！」他妻子則回以：「辭去工作，又要做些什麼呢？」

心中尚未有定論的N，突然冒出了「獨立創業」，結果，他妻子竟說：「那就試試看吧，只要能做自己喜歡的工作就好，如果不幸失敗了，我也出去工作吧！」

無論是離職換工作，或是獨立創業，對N來說都伴隨著危機，雖然N還僅是40多歲而已。然而，若從目前的公司離職，恐怕能找到的工作條件一定比目前的公司還要差。

如果換了工作，依舊是悲慘的結果……。也許N也很難再重新振作了。可是，若因獨立創業而失敗時，至少悲慘的感覺會降到最低，還能夠朝著而後的人生繼續邁進——相信他的妻子一定是那麼認為，才會如此鼓勵著他。

在現實情況下，就客觀的觀點來說，悲慘的局面是難免的。此時，若自己也認為自己是悲慘的，恐怕就難以脫困而出了。

在之前的公司，因迫於裁員的壓力而離職；之後任職的公司，又因為能力未獲得認同，每次的處境都足以令N感到自己是悲慘的，但幸虧擁有那樣樂觀開朗的妻子，他才能從自憐自哀中解脫而出。

19 順境逆境都要往前邁進

以下是某位大阪出身的青年，所歷經的驚滔駭浪的人生。

他從高中休學後購買了新車，在得到新車的十七個小時之後即遭逢事故，新車隨即變成廢鐵，但是，這個意外事故卻促使青年日後的成功。所以，人生的發展真是難以預料啊！

轉眼間新車變成了廢鐵，青年所剩的僅有借款而已。為了還清債務，他進入了直銷公司開始工作，當時他年僅17歲。

不過，也許是本身的能力符合銷售之路吧！短短的時間內，他就成為大阪屬一屬二的超級銷售員，有人勸他獨立創業，於是，就在19歲時，他獨立創業了。19歲，應該僅是大學二年級的年紀吧！

對那位青年來說，最幸運的就是手機誕生，儘管當時手機尚未普及，但由於符合了自己所開發的系統，因此在23歲之際，成為了業界公認的年輕創業家。

隨著日後手機的普及，公司更急速成長，在29歲時通過了mothers股票上市的申請，二〇〇〇年三月預計上市股票。但是，就在此時又發生了類似當初新車事件的危機。

ＩＴ相關產業的泡沫化，原本預計上市股票的兩個禮拜前，突然被告知無法上市。於是就從那一刻，一切又瞬間跌落谷底。銀行袖手旁觀，資金調度陷入極度惡化的局面，已經面臨即將倒閉的危機。

「難道，一切就這麼完了嗎？」

當時，拯救他的卻是員工一句無心的話。

一位員工不知道他就在身旁，於是對著同事說道：「沒有關係的，我相信社長。」

聽到這句話時，他想著：「我絕對不能輕言放棄！」

就在那時，腦海裡如閃電般閃過了某個企劃。雖然股票無法上市，銀行也不願借貸資金，資金的調度又有問題，但這一切都與公司的營運無關。因此，他鼓起勇氣，向soft bank（雅虎）提出了企劃案。

當時出面晤面的是北尾吉孝，北尾花了十五分鐘聽完他的企劃案之後，當下決定出資三十億日圓，因此化解了公司的危機，二〇〇二年三月於NASDAQ（現在的Herakles）上市股票，而後又在二〇〇四年於東證上市。那位青年就是近藤太香巳，Nexyz社社長。

年僅37歲，但回顧他所經歷的軌跡，其實也沒有什麼特別不同之處。也許有人會認為「他不過是運氣比較好吧」，在手機尚未普及之前就投入了相關的產業，再加上與soft bank的北尾吉孝的晤面，都是致勝的幸運關鍵。

不過，我卻認為他的行動力是促成日後成功的秘訣，從車禍事故的發生開始，他從沒有怨天尤人，而是隨即展開行動。當問題發生時，也能立刻出面解決。所謂的成功秘訣，就在於此，並不是擁有什麼特別的處方。

從他所經歷的種種也能看出，人生有山有谷，既然有高處也有低處，就應該學習接受，並進而行動。有些人處於優勢時即氣焰高張，處於惡勢時則氣餒不已。其實，「順中有逆，逆中有順」，最佳的態度就是不在意逆境或順境，依舊昂首往前邁進。

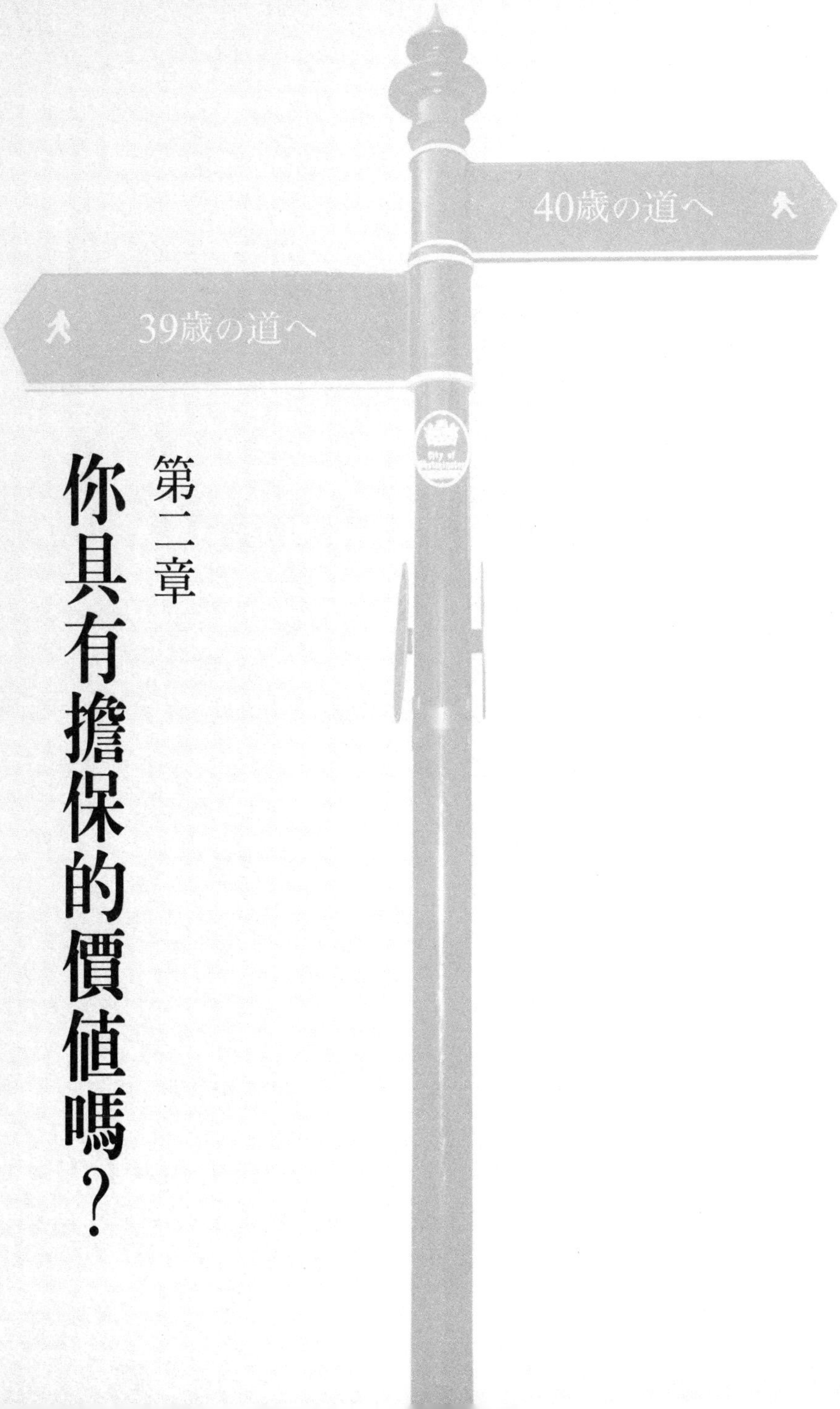

第二章
你具有擔保的價值嗎？

20
幫助別人就能喜歡自己

最近的年輕人盛行所謂的「探索自我」，即使有些人學校畢業後，也不立即投身社會工作，鎮日無所事事，但卻滿嘴探索自我之類的大道理。

離開學校後，為什麼要必須立刻投身社會就職呢？懷有這樣疑惑的人其實並沒有錯，找到「自己真正想做的事情」也確實是正確的選擇。

但是，還有比那更重要的事情，那就是「喜歡自己」。身為社會的一份子，為了擁有更好的生活品質，「喜歡自己」是絕對必要的條件，如果無法先喜歡自己，就無法深入探索自我了。

每個人對於自己，都懷有某個程度的印象，有點像是自我形象的想像圖，以為「自己就是這樣類型的人」。所以在探索自我之前，必須先確認的是自我形象。

「因為弄不清楚，所以才要探索自我啊！」或許有人會那麼認為。但如果真是如此的話，就更不應該焦急地進行自我探索。在無法確定自我的形象之前，一味地「探索自我」，是永遠無法獲得令人滿意的結論。

確定那個自己也會喜歡自己的自我形象，其實並不困難。首先就是找出自己的優點，然後告訴自己：「我是個不錯的人。」每個人，至少都會擁有一、兩項優點吧。

想像著自己是「如此美好的人」，漸漸地也能改變自我的意識，最後甚至引起良好的行動。

如此一來，與他人的關係也能改善，轉而變成積極向前的人生態度。

「我就是不知道該如何與別人相處」，這是許多人都有的困擾，與他人無法融洽相處，歸咎最後的癥結就是因為無法與自己融洽的相處。因此，只要確立自我的美好形象後，自然也就能與別人共處了。

要變成一個自己喜歡自己的人，還有必須做到的一項條件，就是「為別人奉獻些什麼」。首先，以幫助他人、讓他人感到貼心為目標，久而久之就能自己喜歡自己了。

不過，在此要注意的是，如何選擇那個「他人」。想要幫助他人，或是做些讓人感到貼心的事，儘可能不要以自己身邊周遭的人為對象，那樣反而效果不彰。

例如，想要與原本相處不太融洽的父親重修舊好，特地買了生日禮物，但父親卻拒絕接受，此時，將會促使兩人的關係降入冰點。

知名電影《天倫夢覺》裡，就是描寫拚命想討父親歡欣的兒子，最後釀成了悲劇。由於我們對自己身邊周遭的人愛恨交集，有時後反而會引來反效果。因此，想要令他人感到貼心，想要幫助他人，首先就從與自己距離較疏遠的人做起吧。

例如，在電車內讓位給老太太，或是看見行走不便的人，就協助他上下樓梯等等的善行，反覆直到沒有任何的猶豫與靦腆時，自己的人生必然能朝向正確的方向前進。又例如，搭乘電梯時，禮讓其他同乘者先行出去等，現在開始，不妨就從這些小事做起吧！

21 養成正確的正向思考

所謂「正向思考」這個觀念已經普及到無人不知、無人不曉的地步了，但能夠正確理解其中道理的人，應該是少之又少吧！

也許有人以為，「只要凡事都往好處想就好了」，其實不然。

例如，與同期進入公司的人相較下，自己的升遷顯得遲了許多。若是一般的人，肯定會認為自己輸給了其他同事。但如果換成正向思考時，又會如何呢？

「我並沒有輸」，這樣的思考就是正向思考嗎？其實這樣的態度並不能稱作正向思考。在提及所謂的正向思考時，我經常會以杯子的水與錢包裡的一張一萬日圓紙鈔作為舉例說明。

當杯子裡倒了半杯的水時，負向思考的人會認為「只剩下一半而已」，而正向思考的人則認為「還有一半呢」，而錢包裡的錢亦然。

不過，縱使努力讓自己朝向正向思考，但有時內心深處卻往往不那麼認為。偽裝自己的本意而故意裝出的正向思考，就是真正的正向了嗎？那麼，真正的正向思考又是如何呢？

經營顧問的船井幸雄，就是這方面的能手。船井幸雄如此說道：「無論發生什麼事，只要是與自己有關的事情，都應該必要且必然的接受。」

這就是真正的正向思考。例如，罹患癌症被告知「只剩下半年的生命」時，能夠想著「沒有關係，一定能活下去的」、「一定會治好的」，這就是所謂的正向思考。

必要且必然地接受事實，但卻能以真正的正向思考去面對，暫且不考慮未來會有什麼變化，然而那又絕對不是所謂的放棄。

藉由癌症，甚至可以領悟到「為了讓自己活得更好，必要的事情是什麼」，隨著自我的改變，有時甚至能奇蹟似地治癒了疾病。不過縱使奇蹟未曾發生，也要坦然面對，這就是正向思考。而正向思考，也猶如是讓事情狀況導往更好方向的魔杖。

正向思考的相反，就是負向思考，凡事總是往壞處思考的模式。即使未曾被醫生宣告罹患癌症，但只因咳嗽不停，就以為自己已經罹患了肺癌，這就是所謂的負向思考。

多數人總是容易受到負向思考所左右，經過調查，在無意識的狀態下，約有七成的人會傾向負向思考。人們的命運往往與自己的思考有著互通之處，若淨是往負面去思考的話，最後恐怕多會實現化吧！

所以在本章節中，才會特意提及「正向思考」。不過，若不是真正的正向思考，卻也未必能讓自己心安，充其量僅是一種自我催眠的謊言，反而更加深了壓力。

所以停止虛偽的正向思考吧！照著船井幸雄所說的「必要且必然地接受一切」，如此體認之後，所有的事情都會往最好的方向進行。為何會有如此變化呢？不知道為什麼，但事實就是如此，這一切仍是個神秘的謎呢！

22 盡心盡力，三個月的約定

在換個工作稀鬆平常的現今，我想大多數的人，對於目前的工作、現在就職的公司都抱持著觀望與疑惑的態度。

「待在現在的公司，恐怕永遠不能分派從事自己喜歡的工作吧！」

「彷彿已經看見自己的未來會如何了，不希望這樣終其一生！」

「完蛋了，恐怕會被裁員吧，該怎麼辦！」

儘管想要跳槽的原因因人而異，但懷著隨時跳槽的心態，一邊在現任公司工作的人實在愈來愈多了。所以稍有不如意，隨即離職換工作。

對於中老年人來說，離職跳槽並不是件容易的事，但對選擇較多且自由的年輕人來說，卻是懷著強烈的騎驢找馬的心態。

在此，我想建議那些懷有如此心態的人，不妨給自己三個月的期限，在這段時間內費心費力地在目前的公司努力看看，最後，自己必定能找到結論。與其自己悶頭亂想，倒不如實際努力看看，這樣會更有效率與成果的。

詢問那些跳槽後獨立創業成功的人，得到的回答多半是：「總之就是在原來的公司盡心盡力努力了一年多的時間，才做創業的決定。」不過，對於自己的未來感到迷惘時，想要在原來的工作單位努力堅持一年，卻不是件容易的事。

再加上，在萎靡不振的情緒下繼續工作一年，反而更會引來反效果。所以，縮短時間為「三個月」吧，縱使對現狀有任何的不滿，也能忘卻那些不愉快，而盡力投入於目前的工作中。

例如，被交派「一天平均必須販售五台影印機」，就不再認為那是件困難的事，反而表現出「好的，我就賣出十台給你們看」這樣的氣勢。

咬緊牙根努力做做看，最後過去未曾留意到的事物也會清楚浮現，也許原本覺得無聊的工作，也會變得有趣。

努力過後仍覺得這份工作相當無趣時，就不需再猶豫跳槽與否的問題了，畢竟自己已經嘗試努力過了。

此外，因為從早到晚努力的結果，周遭的評價也會有所改變，不僅多了讚賞與認同，同時也能改善過去不佳的人際關係。

如此嘗試看看之後，無論是辭職也好、繼續留任也好，由於自己已經盡了最大的努力，絕對會帶來正面的結果。

人生充滿了諷刺，千方百計想著何時是最佳離職的時機，想著離職之後該如何取得契機，最後反而機會都不會降臨在自己的身上。

反而專心努力在眼前的工作時，新的工作契機就會悄悄來到。只要凡事全力以赴，就能遭遇到不可思議的機會，而朝向自己的天職邁進。

許多人抱怨著「現在的工作，我不適合」、「我不喜歡現在的工作」，於是漫不經心地做著目前的工作，最後反而會為自己招來困境。

即使提出了辭呈，也不會有任何人覺得惋惜而慰留，就算找到了其他的工作，恐怕也無法順利持續下去。

若身邊周遭的人紛紛詢問：「為什麼要離職？」、「太可惜了！」、「不要離職吧！」這樣的人才稱得上擁有離職的資格吧！

因此，就給自己三個月的時間，努力經營目前的工作，相信之後，必定能開創屬於自己的道路。

23 強出頭才容易拔得頭籌

日本企業組織重視的是「和諧」，行事作風獨特的人反而會容易遭到孤立。如果僅是單純的孤立倒也無所謂的，但泰半夾雜著否定其存在的價值。

因此身為組織裡的一份子，首先必須考量和諧的問題，並避免過分引人矚目。在過去的時代裡，那樣的人的確容易受到周遭的肯定認同，進而能夠一步青雲。

這樣的情況，也顯現在日本戰後的政治圈內。除了田中角榮屬於個性獨特的政治家之外，隨後歷任的總理大臣，無不屬於和諧派的作風，直到小泉就任之後。

考量到黨內的和諧，以及不破壞人事組織之原狀者，才是周遭所公認的優秀領導者。當時，高唱「郵政民營化」等特異主張的人，無不被摒除在人選名單之外。

然而，時至如今又如何呢？行事風格迥異的小泉舉著「郵政民營化」的旗幟，改革了既有的自民黨。這樣的變化說明了什麼呢？也就是說這是個強出頭才能引來利益的時代。

即使是演藝圈也是如此，發生醜聞事件的演藝人員，卻意外成為了媒體的寵兒。出身自AV的女演員也能出現在一般受歡迎的電視節目上，過去那種禮貌至上、尊敬前輩、懂得應對進退等以大局為考量的作風，已經派不上用場了。

堀場製作所會長堀場雅夫所寫的《討厭的話，就走人！》（日本經濟新聞社出版）一書中，裡面有段趣味的描述。

該公司的主力商品之一，也就是汽車排廢氣檢測器研發完成時所發生的事情。在過去，該公司的主力商品是醫療用的呼氣測定器。

一九六〇年代，正值日本汽車開始普及的年代，為了測定排放的廢氣，於是提議開發排廢氣檢測器，當時有人提議說，不妨使用自己公司的呼氣測定器進行研發。

當時，堀場覺得不可思議，儘管他對結構的問題不甚了解，但有那樣的構想想必是基於兩者有著類似的要素吧。不過，用於測定人類呼氣的裝置，竟然使用在汽車的屁股後面測試廢棄物，難免有些匪夷所思。總之，那樣的提議後來就不了了之了。不過，公司的某位研究員卻對此議題深感興趣，而偷偷地做起研究。不久後知道實情的堀場勃然大怒，要該名員工辭職，但那名研究員卻認為「該商品必定大賣」，堀場於是與對方協議，「若賣不出去，就引咎辭職」。

沒想到卻從此開啟了真正的開發研究，如今那項發明已經成了該公司的主力商品，而當初偷偷進行研發的，就是繼堀場之後的社長大浦正弘。

若那時無人敢違逆社長的意見，最後公司就會失去大好的商機。研究發明的部門裡，經常會出現類似的狀況，現在該公司的其他部門也開始留意「強出頭」這類風格迥異的人物，並願意傾聽他們的意見。

儘管「以和為貴」的觀念依舊建在，但「強出頭」或「作風異於他人」的人，已經不再像過去容易遭到否定。雖然每個公司有其不同的做法，但一個無法具備柔軟度的公司，已經無法在這個時代延續生存了。從現在開始，你也試著做個「強出頭」的人物吧！

24 五大原則，提升自我形象

在某雜誌所做的跳槽特集企劃中，以面試的主考官為採訪對象，做了一份名為「會留意應徵者的哪個部份」的意見調查。

依據每個職業類別或公司的情況不同，略有些差異，不過綜合來說，為了給予主考官「這個人能勝任工作」的印象，歸類出了五大原則。在此，就介紹那些歸類出的原則重點。

一、**不執著於過去**——縱使擁有再輝煌的過去，得意洋洋地老事重提，只會引來負面的印象。此外，待過大企業的應徵者通常會提及「過去的公司如何如何」，這也是禁語，因為往往會讓對方認為，「既然身處在那麼好的公司，為何不繼續待下去呢？」

不過，在自我推薦時，難免會提及過去輝煌的成績或經驗，那樣的心情應該人人都有，但在不注意之際，往往會使得話題停留在過去的經驗之中。為了避免給予對方不良的印象，最好的方法就是論及未來。試著將話題朝向「自己未來希望能從事些什麼」，才是致勝的秘訣。

二、**抱持著具體的目的與問題意識**——最近的面試，多半會要求應徵者「自我介紹」。此時，最重要的就是因應場合狀況來介紹描述自己。

清楚地傳達出自己是為了什麼目的，而想要轉換工作跑道。避免流於曖昧不清的描述，最好在考試之前，對自己的人生做出明確的規劃。

訴說自我的目標時，不需要仔細描述那些太過渺小的目標，儘管某些目標恐怕自己都難以達成，但卻能予人深刻的印象。即使心中尚未確認那樣的目標，也應該儘可能表現出自己懷有遠大的志向。

三、予人抗壓性強的印象——軟弱的印象常常是最大的致命傷。主考官希望錄取的是「即使承受精神壓力仍不屈不撓的人」、「開朗的人」、「能夠正面思考的人」，所以必須意識到這些條件。

四、能立刻融入環境的個性——縱使工作能力再優越，若是孤僻或處處與人對立，仍是公司企業所不願接納的員工。目前的工作形式，多半是無法個人單獨完成的，需要大家同心協力，所以與人相處融洽的印象也是重要的。

五、即戰力——這也是最重要的關鍵點，儘管隨著年紀也難免跟不上時代潮流，但「日後會好好學習」、「我願意學習」這樣的說詞已經不適用了。畢竟，公司希望獲得的是隨時可以立即獨立作業的人才。為了擁有即戰能力，就必須強調自己在哪些方面特別的專精。

有些人會取得許多資格執照，並藉以顯現出自己的能力，有時卻招致反效果。因為許多人擁有了資格執照，卻毫無幫助，還會讓人誤以為那樣隨意取得資格執照，是因為個人缺乏目標所致。

以上的五大原則，最忌諱的就是「沒問題，我會的」這類敷衍的回答，會的程度究竟是如何，若無法具體說明清楚，只會招致不得採信的結果，這也是務必要留意的關鍵。

必須知道，所謂的面試不是單方面的被動形態，在選擇的基點上，無論是對方或自己都擁有選擇的權利，所以更應該以坦然自若的態度迎接面試。

25 不再仰賴說明書

有人說，現在的年輕人是照著說明書被養大的。所謂的說明書，也就是某個東西使用時之說明書，對於那些沒有說明書就不知所措的人來說，在未來的時代裡恐怕會遭到淘汰吧。

為什麼呢，因為日本人引以為傲的「大家都相同才是最好的」，那樣的思考模式已經逐漸轉變中。例如，對於餐廳裡服務生制式般的點菜服務方式，已經愈來愈多人感到不耐了。

美國是將說明書理論發揮到淋漓盡致的國家。由於屬於多民族國家，教育水準不一，但為了讓服務生應對顧客的服務一致化，而製作了所謂的說明手冊，以求每位服務生都能照本宣科達到相同的水準模式。

這套作法引進日本之後，立刻迅速普及，因為日本人喜歡的就是「每個人都一個樣」，無論是任何應對說詞，只要與他人一樣，就是最容易被接受的模式。於是，日本人的性格完全符合了說明書的導向。

尤其是在追求結果的公平性時，說明書導向更是深受各專業領域的採納。有些成功企業所擬定的應對說明書更成為大家眼中的搶手貨，例如麥當勞的員工教育手冊，就是絕對不外流，而變成了同業其他公司所垂涎的聖書。

但是，過分仰賴說明書，卻使得創造性難以發揮，結果導致無法解決重要的問題點。

東京電視台的深夜新聞報導「世界經濟衛星」的主播小谷真生子，曾擔任過ＪＡＬ國際航線的空服員。她談論有關危機管理時，曾經提到「空服員的指導手冊，根本無法解決應付緊急事件」，我想那是必然的，因為說明書或指導手冊遏制了人們的創造性。

「經營需要的是能力的累積，隨著訂定計畫，事務組織化，還有安排行程等能力的累積，改善業績與成果。不過，這些能力遇上了最困難處理的人際關係時，反而應該丟開那些技巧的包袱。」（R. Farson著《逆向系》早川書房出版）

R. Farson所說的，就是指出說明書性質的思考模式無助於解決問題。R. Farson並在書中寫下了他所採訪的調查結果。

詢問職員們「提及上司時會立刻憶起的事情」這類問題時，得到了以下類似的答案。

- 在紀錄超級狂愛工作的上司所口述的內容時，上司突然發現自己的頭髮竟黏在牆壁的油漆上，突然意外地說起了笑話。

- 上司提及我被錄用的理由說道：「其實當時是為了讓其他應徵者難堪，不過，最後你卻是所有過去雇用的服務生中最優秀的。」
- 上司與我碰巧跳槽到同一家公司，儘管在過去兩人是上司與下屬的關係，但從此之後卻衍生出新的連帶感。

從這些答案絲毫看不出任何與說明書或員工手冊相關的訊息，而是人際關係之間深切的牽絆。任何的說明書等都脫離不了禮儀規範的領域，儘管禮儀規範是重要的，但卻不能當作是全部。對於什麼都要仰賴說明書的人來說，應該試著放開手裡的那本說明書了。

26 大事宜輕，小事宜重

縱使談過再多的戀愛，卻難覓得結婚的對象——這是最近年輕男女的共同心聲吧。戀愛猶如個人的自由，可以隨著心情自由揮灑，但是，結婚卻衍生出社會制約，不是那麼容易開始，並且容易結束。

雖說戀愛與結婚有著延續的關係，但一旦考慮到結婚時，就必須慎重以對。儘管明白這樣的道理，但最終仍難以找到適合的結婚對象時，就的確令人遺憾了。無論是對男人或女人來說，結婚都是擁有充實人生的極大要素。

在此，我想要規勸年輕的讀者，「大事的盤算宜輕如鴻毛」，相對地，「小事的盤算宜重如泰山」，這兩句話都是值得參考的名言。

這是《葉隱》的作者山本常朝所說的。《葉隱》這本書，又以「武士道的精神，是透過死來尋得」最為有名，許多人以為是一本與自己人生無關的書，但其實不然。即使是身為現代的年輕人，仍可以從書中找到許多對人生有助益的話語。

例如，對於愛情，作者寫道「最極究的愛情就是忍耐的愛情」，除此之外，「沒有犯錯的人不值得信賴」、「聰明外現的人不會成功」、「不要趁著年輕出名成功」、「好人物是人生的落伍者」、「不要輕視暴發戶」都是值得參考的話語。

那麼，回到原來的「大事的盤算」吧，每個人面對重要的事情時總會特別慎重，但又為何要「輕如鴻毛」呢，常朝想要表達的應該是這樣吧。

例如像結婚這般的大事，應該在日常生活中就該思索考量，事先盤算考量，所以即時當下無深思熟慮也能立刻得出結論。而在那樣情況下所做出的決定，也應該是正確無誤的。平時沒有考慮周詳，臨到關頭時才意識到事情的重要性，當然會陷入緊張的情緒，而無法做出正確的判斷。

也就是說思考的方式要與以往不同。

的確是這樣啊，人們經常說：「結婚是大事，所以應該好好考慮。」深思熟慮的結果，就是讓姻緣錯過了。儘管如此，匆促作下的決定，失敗的機率也相對提高。也就是說，應該在事先確定自己的主張與條件。

那麼，該如何擁有自我的結婚主張呢？舉例來說，以下是上智大學教授豬口邦子在報紙所寫的專欄文章，內容大致是說她與她先生是相親結婚的，促成兩人決定結婚的契機，是兩人初次見面在咖啡館喝茶時，當時，她先生如此說道：「好想這樣下去喔！」

她立刻回答：「嗯。」也就是說，兩人放鬆心情喝茶時，那些原本壓得人喘不過氣的結婚理想或義務等都變得微乎其微，只清楚地感覺到「兩人在一起的舒服感覺」。這樣的對象就是最佳的人生伴侶了吧！所謂的結婚，最重要的就是不需要刻意去在意對方。

常朝所說的「輕大事」，就是說對於最重要的事，應該事前知道最符合自己的理想狀態，而後再觀察是否符合自己的需求。因此，面對大事時才會顯得「簡單」。

當然，也值得運用在所有的大事上。年輕人總以為戀愛較為重要，但是，戀愛是必須經常保持緊張感，必須兩人相互在意與拉扯的關係，而那也是戀愛的樂趣之一。也此可見，戀愛不過是小事，而大事的結婚當然不能與小事的戀愛相提並論了。

27 學習語言，不需要勉強

由於商業領域逐漸的國際化，許多人也開始考慮是否該開始學習外語。

有人說日本人是不擅於學習外語的民族，所以反而更加強了人們學習的企圖心。從頻繁播放的英語教室廣告，就可以窺見得知。然而，這其中其實潛藏著極大的誤解。

也就是說，商業國際化↓外語的必要↓學習英語，人們過分相信這樣的連帶關係。例如，「我終究要出嫁，所以現在開始就去新娘學校學習」，許多日本女性存著這樣的想法，選擇的本身並沒有錯，但去到新娘學校並不是意味著一定能覓得良緣。

因此，身處國際化的時代，就以為必須學習英語，就如同前者般有著不自然的連帶關係。

某位在外商公司努力上游到社長職位的人曾經提過，他在進入公司之初，英語程度幾乎等於零。因此，他曾經極為自卑，有將近兩年的時間，他都無法隨心所欲地說話。

但在日復一日的業務中，在惡戰苦鬥中終於學會了外語，也就是說在「迫切需要」之下學會了英語。

若被公司派遣到中國時，就可以從那時候開始學習中文的日常會話，在不得已的情況下，往往更容易學會。

進入外商公司或外資公司等，英語能力並非絕對必要的條件。待進入公司之後，再開始學習外語也不嫌遲，在不需要使用外語的環境下學習外語，是效果最差的學習方式。

因為縱使努力學習也無用武之地，如果希望能使用到學習的外語，不妨就試著與外國人做朋友吧。也可以算是彼此交換語言的形式，只要一段時間下來，肯定能說出個隻字片語。對於目前工作不需要使用到外語的人來說，這樣的學習已經是足夠的。

萬一無論如何都要使用到外語的情況時，如今電子辭典發達，只要巧妙運用就可以了。例如到國外旅行，看不懂餐廳的菜單時，我總是靠著電子辭典化解危機，而且，還能從其中找到簡單的會話例句，看著電子辭典也能表達出自己想說的意思。

Morgan財團創始人J.P. Morgan，對於學習語言下了這樣的註解：「利用三個月時間學會德語，若無法做到，就一輩子不再碰德語。」

他認為學習某項事物的期限是三個月，若沒有這樣的決心與毅力，在這個快速的時代是難以生存的。

28 關掉手機，學會一個人獨處

我曾在報紙上閱讀到東京工藝大學的加藤智見教授對於當今的年輕人所做的觀察論述，文章指出，年輕人在手機的使用方法上，與成人們不太相同。

成人們將手機視為便利性的工具，沒有重要的事情不會隨意撥打，因為那恐怕會耽誤到對方的時間，是不合乎禮儀的，但是，年輕人的使用方式卻完全不同。

年輕人儘管沒有要緊的事情，仍會透過撥打手機或傳遞電子郵件，與朋友保持聯繫的關係。過去，在學校班上總有一、兩個感覺很相似的同學，他們沒有什麼特別之處，但總是笑瞇瞇地跟隨在他們喜歡的同學身旁。那些孩子內向寡言，也不會害人，但總給人太過依賴的感覺。現在的年輕人，就多半屬於那樣的類型。

加藤教授更指出了重要的一點。在他以大學生為對象的意見調查中，其中有個問題是「請毫無忌諱地寫出你想對大人們說的話」，有不少的學生如此寫道：「我們真羨慕你們這些大人。你們的世代充滿著戰爭、貧窮、安保鬥爭、校園紛爭、石油危機或經濟泡沫化等，所以才能因而燃起奮鬥的目標與目的。而我們卻僅有無力感與虛無感罷了。」

閱讀至此，我不禁搖頭嘆息，人類的世界，無時無刻不存在著堆積如山的問題。即使是今日，戰爭與貧窮依舊存在。如果真希望遭遇那一切，何不妨前往發展中國家去體驗看看。

縱使是日本國內，也存在著失業或老人年金的問題。高齡福祉、環保問題、規制的撤廢等，只要試著探討，依然可以尋找到奮鬥的目標。說什麼無力感與虛無感，充其量不過是個人安逸，不願付諸行動罷了。

導致這樣的情況，手機也是其肇禍的原因之一。手機剝奪了人們思考的能力，遠比想像中還要嚴重。待在原處就能與遠方的朋友對話，如此的便利，就像是旋轉壽司上流轉的壽司盤一樣。由於眼前不斷有食物流轉而過，自己想吃些什麼、想點些什麼，都不必多想了，只要伸手取盤子就能吃到東西。也就是視無自主性為必然，就像之前那位年輕人的發言，自己不主動去做些努力，就像是無自主性的人所說的藉口。

手機的可怕之處，在於只要不切斷電源，簡直與二十四小時不打烊的便利商店無異。現在年輕人的內心也是相同的，為了等待隨時傳遞而來的電話或電子郵件，總是二十四小時處於待命的狀態。

在這樣的狀態下，又怎麼能冷靜思考事情呢？只要沒有接到對方的連絡，就會不安地握住手機，現在應該做的是關掉手機的電源，保有更多一個人的時間，然後試著與自己對話。所謂的思索，就是與自我的對話。

29 捨棄名聲追求實際成果的新勢力

IT業界的企業經營者多半是20歲世代或30歲世代的年輕人，個性化的作風尤引人注目，其中文以活力門集團（Live Door）的崛江貴文更是大放異彩。

他曾說過：「世界上沒有金錢買不到的東西。」因此而備受批評，但再仔細探究其話中的深意，也不禁讓人頗有同感。

例如，他還曾經說過以下這些話：「我想說的是，金錢是公平的，什麼東西都被標上了價錢，甚至人的生命亦是如此。但反過來說，那樣的公平指標又有著什麼樣意義呢？」

「事實上，沒有什麼東西是金錢買不到的。可是，就是因為存在著無法用金錢買到卻又具有價值的東西，例如既得權益、例如權力，因此也衍生出種種事情。」

「金錢這種東西，它的尺度在於即使是傻瓜也能判斷其價值。而除了金錢以外的尺度，就容易產生參與上的阻礙。例如因為是笨蛋所以不得加入，抑或因家世背景而遭被拒絕，身分低微也不得進入，或是膚色的不同也遭到排擠。那就是有差別待遇，不是嗎？那都是極端的歧視。」（以上，摘錄於《Boss月刊》二〇〇五年三月號）

活力門集團（Live Door）所引起的日本放送經營權之騷動，其結局雖然是以金錢遊戲的型態落幕，但堀江也從富士電視公司得到總額超過一千四百億日圓以上之利益。以他快速地見風轉舵，不在乎名譽的只求實際獲利的作風聞名。當初，如果事件一開始不是以金錢遊戲做序幕，那麼經營權爭奪戰的故事就不會變得那麼有趣了。

儘管他的創意盡是理論性思考的模式，又例如投資在宇宙旅行、反物質火箭、複製人等，他還擁有理論性思考所無法歸類的部份。而原本他的事業就是為了「實現夢想而努力的」。所以，實在是個令人難以以既定觀念去論定的人物。

他偏激的發言，總是能揭穿人們明知故犯、假裝看不見或故意推託的偽善，因而感覺到不舒服的人們就會討厭他，而認同他痛快言論的人則非常喜歡他。

對於經常以常識的思考模式思考事物的人們，他的發言的確令人難以接受，但對於那些開始思考39歲後人生的人們而言，依舊能從他的話中嗅出些許道理。

「想做的事，就一心不亂地堅持做下去吧！若不能做著自己喜歡且想做的事，那活著還有什麼意義呢？」

這樣的思考模式，就好比是《葉隱》的作者山本常朝所說的話語，也是作家三島由紀夫的座右銘：「人生苦短，應活在自己喜歡的事物中。」

回首歷史，在日本面臨轉換時期時，也出現了幾個行為特異的人物，他們扮演著轉換時代方向的角色，例如織田信長、坂本龍馬。至於崛江貴文是否也會為處於交叉點上的日本經濟帶來改朝換代的影響力呢？

就現階段而言，要構成如此大的影響力恐怕尚有待觀察，但就他的創業軌跡看來，的確是異於其他的ＩＴ相關企業經營者，也是過去日本所未見過的經營者類型，就這方面的確是引發人們對他的好奇。

30 學習成功經驗的失敗之處

對於成功的人士，大家都很想聽聽他們的「成功經驗談」。而被詢問者也樂於侃侃而談。但是，最後其談論的內容往往是毫無助益的。

「我始終堅信能夠實現自己的目標。」

「我不顧一切地努力勇往直前。」

「我貫徹顧客至上主義。」

「一切皆以正向思考面對。」

類似這類的一般論乃至於具體的經營模式，透過各種成功事證得以讓人們知道。日本的汽車製造業，在世界上可算是屬一屬二的，所以大家也紛紛以各種角度探討豐田、本田、日產等企業的經營模式。

那麼，學習了那些方法，就真的能成功嗎?當然是不可能的。為什麼呢?理由很簡單。

一、**第一是條件的相異**：豐田的作法之所以成功，是因為那適用於擁有豐田企業風氣的員工，相同的理論若換到其他公司，恐怕反而會致使情況更加惡化。如果一套作法處處皆適用的話，世界上的各汽車製造企業豈不都成功了。

二、**手法明朗化之後，就失去了效力**：雖說「低價策略」奏效，但學著別人也採取低價策略，消費者卻不一定照樣買單，因為早已經摸清楚業者的策略了。

三、**成功已是「過去的事蹟」了**：時代是變化的，在過去成功的作法，事到如今，卻不能保證一樣可以締造成功。沿用過去的成功手法卻導致相反的結果，是常有的情形。

只要時代依舊變化，成功的手法也不得不隨著改變。不考慮這些變化，而一味地效法過去的成功事例，就是一種最大的錯誤。然而，既然眼前有著成功的事例，又該如何學習以作為自己效法的範本呢？

其實，不是學習其成功之處，而是學習其失敗之處。

成功的案例各有所不同，成功的秘訣多半因事件本身而異，但相對地，失敗卻多有著共通之處。「這樣做的話，肯定失敗」，若照著做也必定招致失敗。所以明白之後迴避失敗，才是最有效率的成功方法。

31「超越失敗的人」就是成功者

對於失敗，一般人總視為負面事件，但趁著年輕之際，反而應該將失敗當做正面的意義，儘可能累積失敗的經驗，才是最重要的。

有關這點，從智者們的話語就能清楚了解。

「錯誤與失敗，是促使我們向前的訓練。」（美國牧師William Channing）

「就歷史來說，一個人的失敗遠比其良德，讓我們學習到更多。」（美國詩人Longfellow）

「失敗不是氣餒的原因，而是新鮮的刺激。」（英國劇作家Souther）

讀到這些名句，大家是否可以從失敗中獲得勇氣了呢？事實上，愈是成功的人，愈容易遭遇到失敗。

本田宗一郎則說：「在自己的嘗試中，有九九%都是失敗。」

發明家愛迪生，甚至享受著失敗。

為什麼呢，因為「只要知道失敗了，就不會重蹈覆轍，那也表示成功將近了。」

年輕時所經歷的失敗，都屬於經驗。愈早經歷過種種的失敗，就能造就出不怕失敗的性格，就算未來如何變化也能幫助自己度過難關。所以，應該多多嘗試失敗的經驗。

所謂的成功者，換句話說，就是「歷經種種失敗，卻又能一一克服的人」。不知道這個道理，年輕時開始老想著「不願意體驗到失敗」的人，絕不可能有太大的成就。

對於失敗戒慎恐懼，而不想輕易嘗試體驗的人，應該重新思考「何謂失敗」。

所謂的失敗又是什麼呢？它其實是正透露著訊息，告訴你出這個方法是錯誤的。例如駕船朝目的地出發，當偏離航線時，若能察覺到，才知道自己失敗錯誤了。

然而，這樣的失敗可以讓自己知道錯誤的所在，反而是件好事。萬一始終未曾查覺得到，恐怕會引來更大且無法彌補的錯誤。失敗可以制止無法收拾的局面發生，當然是一種正向的作用。

失敗又分成兩種類型，一種是在過程的途中發現到失敗，只要時時提醒自己注意改進即可。

另一種的失敗，則是在發現失敗的當時，事件的本身早已經落幕了。而多數的人多屬此類型的失敗。

也就是說，自我終止了計畫，無庸置疑的，最後的結局當然是失敗。換句話說，「失敗等於是個人的本身所造成的」。

即使過程的途中歷經反覆的失敗，只要不輕言放棄，持續下去，最後仍不至於以失敗收場。些許的失敗就輕言放棄，那無疑是宣告失敗了。

失敗，的確不是件令人愉快的事。因此，任何人都會避而遠之。但是，20歲世代或30歲世代期間，反而更應該多多體驗失敗。

趁著年輕經歷多次的失敗後，對於日後的人生可說是無價的資產。最不應該的是，只為了

一、兩次的失敗經驗就開始消沉，養成那樣的習性，也等於關閉了人生的種種可能性。

所謂的成功者往往不怕失敗，因為他們把失敗當作是正向的作用。

32 用「混蛋名冊」維持良好人際

只要活在這個世間，難免會發生令人氣憤難平或後悔莫及的事，但隨著處理方法的不同，卻也會對人生產生不同的影響。

感覺憤怒時，有些人會直接表達出當下的情緒，也因此造成了人際關係不佳的原因。人際關係惡劣，人生也不能順遂。

那麼，該如何是好呢？我建議可以製作一本「混蛋名冊」，覺得「這個傢伙實在不可原諒」，就把他列入名單之中吧。

「走著瞧，我一定會讓你好看的！」在心中默默想著，如此就足夠了。即使真的寫在那本名冊上也無所謂，或是放在自己的腦袋裡也可以。

由於是「走著瞧」，所以現在也無須去做些什麼。但是，這麼做之後，心情反而能意外地平靜下來。

過去，人們常說：「生氣時，就數到十吧」或「吞下悔恨」，然而那些建議都有害身心。忍氣吞聲，雖然可以讓不愉快的場面落幕，但十之八九依舊會再度發生，而且也無法徹底解決問題。

處理類似情緒時的訣竅，就是儘快釋放掉那些負面的情緒。而最好的方式，就是製作混蛋名冊。

有人認為氣憤時，應該找人傾吐，訴說的過程也能使得情緒平復。的確是如此，但是，這樣的方式卻有個極大的陷阱。因為與人訴說的同時，又讓自己再度回到當時的場景。不斷重複那些令人氣憤的話題，猶如反芻著那些不愉快的情緒，最後反而帶來了負面的影響，無法藉以紓解壓力。

被記載在混單名冊裡的人，日後仍有見面的機會，但再見面時卻不再感到氣憤，而是會覺得有趣。

想著，「那傢伙被寫在混蛋名冊上了，卻仍渾然不知……。」想必忍不住也會露出微笑了吧！

擅於處理人際關係的人，即使在無意識的情況下，通常也會使用類似的心理操作法。

33 不斷追求工作的樂趣

許多年輕人進入公司後，總覺得與預期不盡相同，因而後悔不已。根據日本厚生勞動省的調查顯示，大學畢業生進入公司後三年以內離職的比率超過三成。

也就是說，十人之中就有三人離開了好不容易應徵進入的公司。對於此現狀，有人也持不同的見解，不過，即使未選擇離職的人，仍有人抱持著相同的想法，換句話說，有多數的人在進入公司之後，感到後悔。

而離職的最大理由是，「工作不甚有趣」。年輕時對薪資的要求並不高，人際關係也尚還能應付，所以這些問題都不足以構成威脅。但是，工作有趣與否，卻容易造成極大的反彈作用。

對於那些因為工作不甚有趣而離職的年輕人，身為公司的前輩們總認為，「他們不夠努力」、「即使是無聊或單調的工作，只要撐下去，必能變得有趣」但僅是忍耐與堅持，卻還是不夠的。

工作之所以無趣，最大的原因是經營者的經營方式無法牽引出員工們的最大企圖心。最佳的範例即是ＩＴ相關企業等，其社長總是能以身作則，讓工作變成極為有趣的事。

結果，即使是剛進入公司的年輕人，也能同樣拼命工作以求表現。以前，曾聽過某投資顧問公司的社長說過，某位剛畢業的社會新鮮人甚至帶著睡袋來公司，一個月都不曾回家。

儘管沒有強制限制，但卻出現了那樣賣力的員工，也顯示出公司的工作能啟發員工努力看看的決心，如此的公司才能有所發展。因此，無論如何努力卻難以感受到工作之樂趣時，有時也可能是該公司經營者或幹部等的領導問題，長期待在那樣的公司，也不是件好事，不妨另謀更適合自己的工作。不過，其條件之一是，公司內部每個人都對工作抱持著相同觀感時。

如果其他人覺得有趣，而只有自己難以堅持下去，那恐怕就是自己的問題了。此時，試著堅持做到發現工作的樂趣為止，有關辭職的事，就等到那之後再說吧！

34「做得太過」總比「不做」來得好

經常有人為了表現出自己努力的決心，而大言不慚地說道：「我能做的事，就全部交給我做吧！」感覺似乎幹勁十足，但要照著自己的承諾達成，恐怕有些困難。

有位牧師如此回憶說道，某日因急事而經過車站，在步下車站附近的天橋時，看見某位男子倒臥在樓梯上。原來他踩空了腳而跌落，額頭冒出血，無法動彈，旁邊有幾個人站在那裡圍觀。

當時那位牧師心中有了掙扎。由於他有急事，所以最先浮現出的念頭是，假裝不知情快速離開現場。但漸漸地腦海裡又浮現出，「應該要趕緊去幫助他，並請救護車前來協助」。

同時，又按耐不住地想著，「啊，我有急事啊，何必去管閒事呢」。幾番的內心掙扎後，牧師決定去幫助那位受傷的人，並請身旁的人請求救護車的協助。牧師基於自己的經驗，如此敘述說道。

「人們所認為『不可能做到』的那些『未曾做過的事情』之中，有多少是自己可能辦得到的，何不試著去想想看。如果能去做做看的話，或許人生就會出現了不同的變化吧。」

想必每個人都有那樣的經歷，就是關於唸書那件事。有誰能夠抬起頭毫不羞愧地說，「我曾經努力念書，沒有絲毫的遺憾」。

我想，做到的人畢竟是少數。在求學的階段，若能做到自己以為做不到的努力，或許現在的人生也會有所不同了吧。

因此，我們都曾錯失機會。但是，現在一切都還不太遲，何不從現在開始，去試試自己的最大極限。尤其是年輕人，更應該抱持著這樣的生活態度。覺得自己應該學習外語，何不立刻前往語言學校學習。年輕時的記憶力最為卓越，想必應該很容易學會的。

有些人認為，「不要做得太多、太過」，但我卻對這樣的觀念感到憂心。熱衷工作的人想必不會認為「做得太過」吧。也許有人感覺到「好像做得太過了吧」，但那其實才是最佳境界。

最近的企業界僅強調「省略多餘」、「取得均衡」等形式上的合理性，就像重視作業程序的電腦一般。

但人類畢竟是情緒的動物，是不可能照著程序計算而行動。某位ＩＴ企業家有感於這樣的情勢，於是說道：「起初是因為喜歡才拼命工作，待察覺時，由於自己長時間工作的關係，竟帶動公司內部有了良好的影響。從早晨開始打電話，然後再依序時間會面許多人，周圍的人也追隨著我的步調，於是我的步調也感染了整個公司。」

位居上位者的態度是會帶來影響的，同時一位員工專注工作的模樣，也會像龍捲風般襲捲著周遭所有一切，身邊周遭的同事也會因而被帶動。為了營造那樣的場景，「做得太過」就是不可或缺的條件。尤其趁著年輕時，不要考慮「適切與否」、「是否多餘」之類的問題，就是不顧一切努力工作看看吧！

35 模仿進而學習，變成你想要的那種人

學習任何事時，「模仿」是最有效率的方法。過去，無論是劍術或任何技能，都必須由模仿開始。例如，學習禮儀時，與其施以「彎腰的角度如何」或「視線的位置如何」等理論性的說明，倒不如試著做做看。

既然範本就在眼前，就試著模仿照著做。這個方法，在學習技能等時經常使用到，但在此我

想說的是，除了具體的技能學習之外，也可以用運在生活態度上。

憧憬的人、尊敬的人、自己想成為像那樣的人，若心中有那樣的人選，不妨觀察對方，然後徹底模仿學習。

不過，了解其中模仿的訣竅與否，卻可能造成結果的天差地別。那麼，究竟訣竅是什麼呢？就是「從外觀的模仿開始」。

例如，在公司有自己所憧憬的人，多希望自己能成為那樣的人，那麼該怎麼做呢？其中的方法之一，首先先親近那個人，然後聽取對方的各種想法與意見，不過這還稱不上是最聰明的方法。我個人建議的是另一個方法。

不是接近對方，反而要與對方保持距離，以藉此冷靜觀察，無論是對方的服裝、態度、處事、用語、笑容或生活型態無不一一檢視，然後再照著去做。

結果，不可思議的是，最後彷彿漸漸了解了對方的情緒或想法了，想要模仿某個人時，那是最佳的方法了。有時縱使親近對方了，但也不一定能問出對方的觀念想法，還不如一開始就運用這樣的方法，較為適當。

為什麼呢？因為人是容易被看穿的。起初以為是多麼美好的人，待親近後才發對方竟不是心目中那樣的人時，必定會感到失望。

經過數次相同的經驗後，最後恐怕會惹來錯誤的偏見，也就是說，立刻認定「看似具有內涵的人，往往並非如此」。儘管在某方面的確是事實，但也不代表全部盡然。

不過，除了觀念之外，人們也容易受到過去經驗所牽絆。此外，親近對方藉以仿傚的方式，容易使得仿傚對象的範圍變得狹隘。若能藉由觀察或洞察，再決定是否為值得仿傚的對象，說不定還能在公司內發現到許多優秀的人物。

再擴展到公司之外，對象的範圍也更加廣泛了。極端說來，即使是歷史上的英雄人物、小說裡虛幻的人物，都可以列入對象之中，選擇範圍寬廣了，也必定能從其中選擇出是最佳的人選。開拓視野，就好比登高遠望。此外，不直接聽取對方的觀點，反而能藉以培養觀察力或想像力，而觀察與想像都能造就出獨創力。原本，所謂的學習，就是從模仿學習進而變成自己的東西。努力學習的人，也是努力模仿的人。

36 盡快能夠獨當一面

電影導演這個行業，沒有所謂「該怎麼做就會怎麼樣」的公式。

大導演底下的副導演，也是一邊努力累積經驗，然後等待著某日導演能對自己說：「你也來拍一部片試試看吧！」然而那又不知是經過了多少年月之後了。

不過，若是拍攝期間導演不幸倒下了，導演的地位就極有可能掉落在自己的身上。因此，真的有些副導就偷偷想著：「這個導演，怎麼不趕快死啊！」

然而，既然成為導演沒有一定的公式，相對地也帶來了好處。只要自己拍了一部片，就可以稱作「導演」了。最近，希望成為導演的年輕人，不再屈就在大導演底下學習，反而爭著拍攝作品藉以展露頭角。由於許多小型的劇場都願意播放這類的自製電影，所以循著這樣的途徑也能成為備受矚目的導演。

一般而言，需要專門技能的工作，必須經過一定的修業，並獲得師父的認同後才能開始獨當一面——這是必然的過程，然而，如今那樣的觀念恐怕就要瓦解了。

例如，在過去，要作一個壽司師傅，即使待個三年五年，仍只能做些煮飯的工作，根本輪不到捏壽司的份。現在因為旋轉壽司的普及，也帶動了業界的變革，壽司師傅很快能夠獨當一面。

加盟店類型的迴轉壽司店，即使是一般人也只需經過三個月的訓練時間。感覺像需要專精技術的工作，實際操作之後，其實任何人都能上手。也就是說，過去漫長的學徒生涯，也不過是裝模作樣罷了。

儘管要成為專業的名人是需要耗費時間的，但就學習某項技能來說，處於目前的時代，應該隨時提醒自己「儘早能夠獨當一面」，即使是上班族也是如此。

剛進入公司的新人，經常會在自我介紹時說道：「對一切都尚未熟悉，希望從現在開始大家能多加指導我。」如果是剛畢業的新人說出這樣的話也就算了，若是跳槽來的職場老手依舊說著相同的話，恐怕會讓人覺得：「什麼，難道還是職場新人嗎？那麼還是不要任用吧！」

既然如此，那就故意誇大其辭吧，假裝自己已經能夠獨當一面，但等到實際工作時，也會露出破綻的。從現在開始，上班族必須具備「儘早能夠獨當一面」的體認。因為，自己應該努力往前累積各種經驗，儘早培養出該專業應有的專業能力。例如，不論任何產業都脫不了行銷，那麼就具備行銷的專業吧，這樣就不怕找不到工作了。

在跳槽興盛的時代，若無具備那樣的決心，是無法生存下來的。

某連鎖餐廳的經營者曾經說過，他既沒有學歷也沒有任何技術，剛開始就從廚房的工作做起，但也不過是洗盤子罷了，從不曾有機會讓他拿到菜刀切菜。他雖希望趕緊獨當一面，但感覺這樣洗盤子的生涯恐怕還得歷經五年，甚至十年之久，他隨即改變了自己的目標。

他一邊洗著盤子，一邊徹底觀察研究該餐廳的體系。最後辭去了工作獨立創業，由於他的經營手法得當，於是擁有了幾十家的連鎖店舖。事實上他僅做過洗盤子的工作，但在經營手法上卻是最專業的專業，而料理方面則只要雇用該方面的專業即可。

因此，只要有著「儘早獨當一面」的心理準備，必定能開創出自己的道路。「沒有學過」、「教導無方」等都是萬萬不可的推託之詞，在轉換職場跑道時，所要求的是能隨時應付狀況的即戰能力。

37 成爲具有擔保價值的員工

一位年輕的醫師，期待能蓋一間醫院。自從大學畢業後擔任醫院的醫生以來，總對目前的醫療制度感到疑惑，為了實踐自己理想中的醫療體系，覺得只有建造一間屬於自己的醫院才能達成。

醫院的用地隨即找到了，但卻苦於缺乏資金。即使去銀忙貸款，也受到不友善對待。哪一家銀行願意借那麼多錢給一個30歲出頭，沒有任何背景的外科醫生?通常銀行第二句話詢問的就是：「有無擔保?」

無論走到哪家銀行，要求的都是「擔保、擔保」，某次他氣得嚷著：「我自己就是擔保！」然後又附加說道，「我有加入保險，萬一無法還錢，我會從醫院的屋頂跳下來的。」

「真的嗎?」

「真的，絕對會跳下去的。」

最後，銀行借錢給他了。那是距今三十多年前的事了。那個年輕的醫生，就是現在日本最大的醫療集團德洲會的創始人德田虎雄。

因為對方以生命做擔保而願意融資借貸的銀行，決不是念在對方投有保險的份上，而是因為熱心宣揚理想醫療體系的德田虎雄，被其熱情與性格所折服。

日本、銀行希望的是土地或股份等肉眼看得見的物質做擔保，但在那麼久遠的從前，銀行也曾利用這樣的方式，看出一個人有無擔保價值。

公司與員工的關係，過去都是員工把公司當做擔保，「我在一流的企業任職」，此話一出，銀行馬上願意無條件貸款，甚至也容易申請住宅分期貸款。

在年資與終身雇用制度發達的年代，對員工而言，公司具有擔保的價值。現在又變得如何了呢？即使在一流企業就職，員工也不再受到公司的擔保，因為不知何時恐怕會遭到裁員。

現在的時代，是公司期待員工具有擔保的價值。「如果這個人待在公司，會為公司帶來多少的利益」，公司也開始有了那樣的考量。相對地，無擔保價值的員工，也就成為了裁員的目標。

發明藍綠色發光真空管的中村修二，當初離職的原因是因為自己的價值未受到公司肯定。也就是說，公司誤判了員工所具備的擔保價值。

不過，經過這個案例之後，許多研究開發產業的公司，開始針對因發明而對公司有所貢獻的員工，給予適切的獎勵金。對於公司而言，也必須開始正確判斷員工所具備的存在價值。

高度成長時代裡，員工期待的是公司能為自己提供些什麼福利，但現在的公司則是要求員工能為公司成就什麼，如果沒有具備那樣的擔保價值，則無法成為一名名符其實的上班族。

不過，這樣的變化對員工來說，卻是正向的。因為員工可以不諱言地主張自我的擔保價值，擔保價值愈高的人，無論去到何處都備受禮遇。因此，從今而後的上班族，必須開始思考自己究竟擁有多少的擔保價值了。

38 不務正業正是明日之星

最近看到一個可怕的電視節目。有位民主黨的議員提議，「不務正業或不願就業的人對社會形成相當沉重的負擔，應該設立懲處的條例」，而在場的五十多位年輕人約有七成以上的人贊成這樣的提案。

社會對於不務正業或不願就業的人，抱持著負面的評價。根據日本總務省的統計，不願就業（也就是被戲稱為米蟲）的人數，在二〇〇三年約有五十二萬人（15歲～34歲）。

而同一統計也顯示，不務正業的人口為兩百十七萬人，兩者合計約有超過兩百七十萬的人數，不消時日終究會逼近三百萬人次。

年紀輕輕，身體健康也完成學業，但卻不願進入公司工作的人愈來愈多了，有些激進論者認為，此現象會造成國力的衰微。不過，我卻不抱持擔憂的態度。擔心年輕人不願找份固定的工作而不務正業，或是憂心年輕人不願就業而一味地仰賴父母，認為那樣會造成國力衰微或國家未來該如何是好，但我卻以為不需要擔憂，就暫且放任他們為所欲為吧。

在許多人的既定觀念中，認為學校畢業後就應該立刻就職，但卻不適用所有的人啊！在日本，15歲至34歲的人口約為三千四百萬人，其中約有一成的人，即使已經到達可以工作的年齡卻仍不願就業。但他們對日本經濟帶來任何不良的影響了嗎？至少目前的狀況幾乎是沒有任何影響。對於這些不受既定觀念所束縛的人，我反而對他們懷有著期待。

與我懷著相同看法的還有松浦元男，他是金屬製造中小企業的樹研工業的社長，製作世界少有的齒輪（百分之一公克），因而成為舉世聞名的公司企業。

儘管不是松浦親自研發的產品，但至少卻是因為在松浦的支持下才能完成這樣的研發製作。松浦的公司採用「無考試，先上班」的破天荒方式。

理由是因為，「不可能在短暫的面試時間內了解一個人」。

若依照過去的面試基準，染著金髮又不太喜歡開口說話的年輕人，恐怕是不及格的。但是，這其中或許也有難得的人才。松浦認為，沒有經過一年或兩年的時間是看不出真正的實力的。

松浦對於社會上那些所謂的不務正業或不願就業，提出了自己的看法。

「過去，我也是不務正業，白天是水泥工或蛋糕店的學徒，晚上則到舞廳當鼓手，做過了各種不同的工作。對於那些不願就業而留連各處打工的年輕人，我認為再過個兩、三年，他們就會找到自己希望從事的工作，而安定下來的。」

「他們周遭充滿著各種資訊情報，所以才會顯得如此徬徨。身為他們的長者的我們，應該提供他們可以發揮潛在能力的機會與動機。」（朝日新聞，二〇〇五年一月八日）

此外，松浦也如此說道：「過去員工們也有考績的壓力，但自從七、八年前出現了比我優秀的員工之後，就決定廢止考績審核了。因為以那樣的制度來評價員工是不對的。」

「況且，員工會擔心何時恐怕會遭到裁員，擔心何時自己會失去了工作，而無法安心工作，在那樣的狀態下又如何提升公司的業績呢？」

擁有了這樣的經營者，就連不務正業或不願就業的年輕人也會趨之若鶩吧！批判他們是社會米蟲的人，有必要再度重新檢討自己本身。也希望那些不務正業或不願就業的年輕人知道，社會上還是存在著像松浦那樣的成人。

39 正統就是堅持到底的異端

謙虛雖是美德，但若將古代的價值觀視為金科玉律，也不經過自我的檢驗判斷而持續堅守，也是值得商榷的。

某日有位30歲的男子前來造訪某個退職後創立人才顧問公司的50歲男子。造訪者說：「為了提升工作經歷，所以考慮跳槽，希望能介紹適合的公司。」

仔細詢問後才知道，對方在之前的公司年收入高達一千萬日圓以上，而辭職的理由只是因為碰巧穿了花色襯衫到公司去，遭到上司責罵。聽聞至此，那個人才顧問公司的負責人不禁勃然大怒。

這個傢伙真是無法無天啊！才30多歲就能找到願意支付如此高額薪資的公司，實在少之又少啊！只是因為一件花襯衫，況且那樣的穿著本來就不適合穿到公司，竟然因為這樣受到上司的責罵就離職，未免太任性了吧！再加上，還自以為是地說是為了增加工作經歷才轉換工作跑道等的話……。

所謂的人才顧問公司，就是要幫助對方找到適合的工作，以滿足對方的需求，但那位負責人實在太氣憤了，最後甚至不願意給予對方幫助。那位負責人的年收入是三百萬日圓，在他30多歲之際也不曾領過一千萬日圓的薪水。因此，面對既然擁有了一千萬日圓的年收，卻又想著提升工作經歷的年輕人時，內心的不平衡是可想而知的。

電視節目上也曾上演類似的情況，活力門（live door）公開表明要買下職業棒球隊時，某位經常上電視節目的政治評論家對穿著T恤來到攝影棚的崛江貴文嚴厲地斥責著。

堀江露出了不解的表情，但卻也沒有任何不悅的神色。一位是歷經七〇年代新聞記者生涯的政治評論家，一位則是31歲即成為ＩＴ業界呼風喚雨的人物，兩人之間的收入所得想必也是相當的差距。

儘管沒有人坦承過，但中老年世代的內心深處是討厭崛江的，僅憑31歲的年紀就賺進了幾百億日圓，實在令人難掩心中的羨慕與忌妒。

而且，對我們這些舊世代的人們來看，最近似乎出現了許多令人難以理解的人物。例如先前提及的穿花襯衫去上班的年輕人或是堀江貴文，這些人的作風完全拋開了日本傳統的價值觀。究竟他們的哪些地方拋開了舊有的日本價值觀呢？例如他們擅於理論思考，往上攀升的企圖心旺盛。明顯與傳統日本人的思考模式或謙虛的美德背道而馳。

我並不想幫任何一方說話，不過以舊有的價值觀之標準來評價穿花襯衫上班的年輕人或堀江貴文這類型的人物，畢竟是有失公允。只能說那是一種新興勢力的興起，屬於每個時代的時代異端罷了。

然而異端隨著時間的演進，也可能變化成為正統。所謂的文化或傳統，也是從異端開始。因此，任何類型的異端都不容遭到否定。如果自己不喜歡那樣類型的人，頂多不要來往即可。況且身處在這個時代，自由處處受到保障，且價值觀多樣化存在，若還管穿什麼襯衫，未免太守舊了吧！

我想對20歲世代或30歲世代的年輕人說，不要為了討好舊世代而輕易妥協。有些人認為妥協不過是一種戰略，但裝模作樣的結果，最後卻會變成真正的妥協。許多ＩＴ相關企業的成功創業者，為了除去舊規弊習，但最後卻沾染了種種的舊規弊習，那的確是相當可惜的事。畢竟，現在的異端，也許是未來的正統呢！

第三章
不自滿，才能大步向前

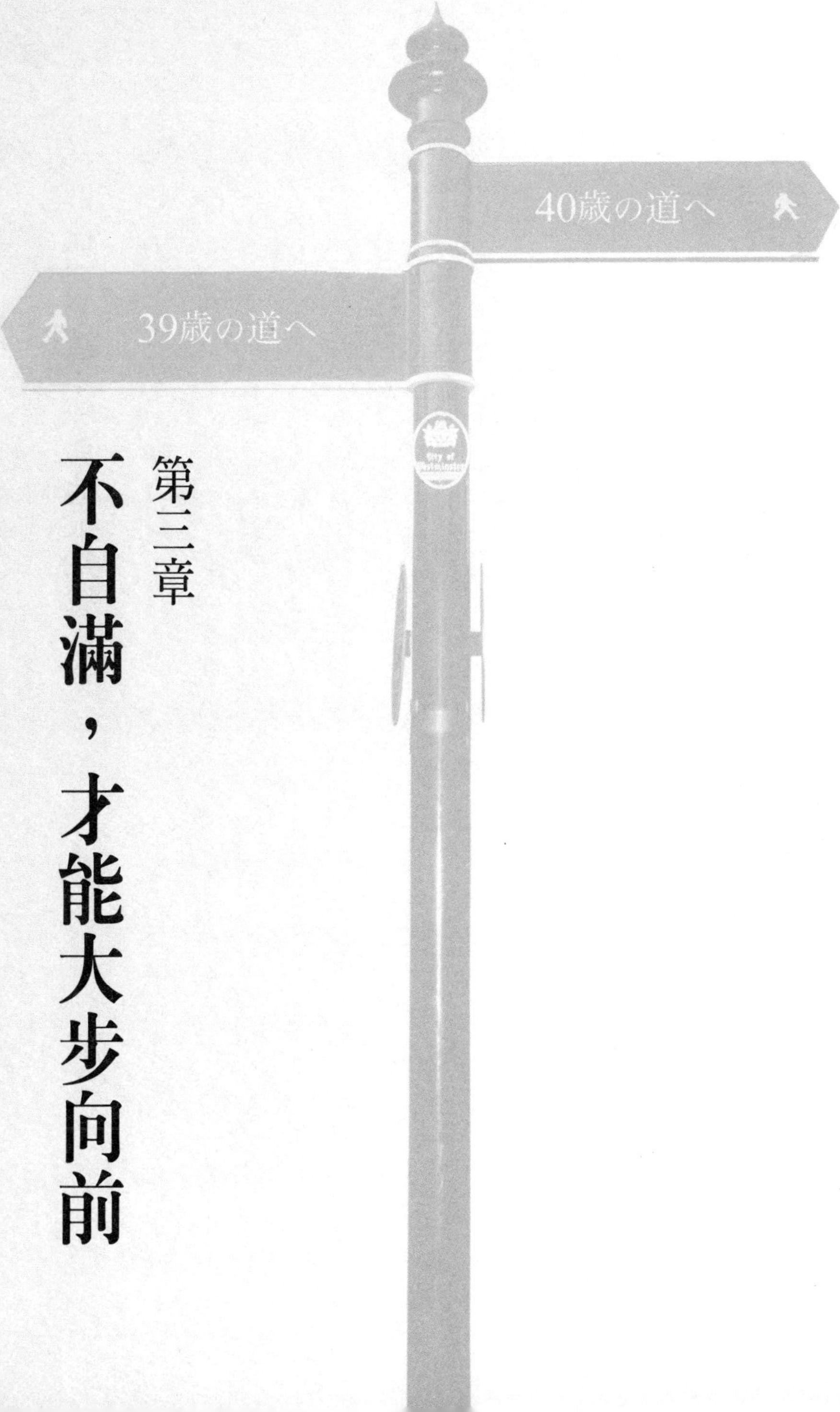

40 做任何事都不要與他人比較

最近，常常聽到所謂「成功組、失敗組」的言詞，人生難道真的可以簡單地以勝負來劃分嗎？每個人都有其各自的優缺點，又為何要如此與他人的生活模式做比較呢？

身為最有名望的採購，也就是福助前社長藤卷幸夫，曾在報紙上陳述過類似的意見，我深表同感。與他人做比較，看似客觀，其實不過是個人思考與眼界狹隘的作祟罷了。

又例如這個案例。A與B是同期進入公司的員工，經過十年的歲月後，兩人之間有了明顯的差距。A順利升遷，當上了課長；B則好不容易成為股長，甚至未來還可能是遭到裁員的對象。之後，A被外商公司挖角，因對方開出了高酬勞與高職位而跳槽他公司。若以現在盛行的勝負論點來評價這兩位，無疑的，「A是成功組、B則是失敗組」。

但是，一年之後兩人的境遇卻有了重大的改變。A因為無法追隨上外商公司嚴苛的成果主義，而導致失職；B則因填補了A的空缺，使得原本差點遭到裁員的命運，轉而晉升成為課長。

「成功」與「失敗」，在漫長的人生中僅不過是短暫的歷程，也會隨著狀況而輕易改變。回首自己的一生，不管是何種的成功或失敗，都僅是歷程，經過而已。

另外，對於A與B的比較，也僅是就工作方面的表現，而完全未考慮到其家庭與個人的種種。因此，縱使兩人依舊待在同一家公司，A不斷出人頭地，B卻遭到裁員了，那也只是公司地位上的差異問題，哪一位的人生才算是幸福呢，畢竟已經省略掉了私生活的部份，除了當事者以外實在難以評論。

如此思考之後，「成功組、失敗組」的觀念，不過是處於現有的層面來作評估，與運動競賽或遊戲的勝負並無差別。運動競賽或遊戲是遵守規則而進行的，任何人都能清清楚楚地看出誰勝誰負，但若將此作法延伸到人生，未免也太逞強了。

考上東京大學的人贏過了落榜的人，但那也只是考試上的勝利罷了，並不代表人生就此贏得勝利。因投資事業而獲得巨富的創業家雖是商界的勝利者，但並不意味著他的人生就是勝利的。因某些原因獲得成功，的確在那個當下是贏得勝利了。但是，那種勝利是很容易被遺忘的，千萬不可得意忘形，以這種形式的勝負來比較自己與他人，也是萬萬不可行的。

若得志而輕妄，可能因而衍生奢侈或怠慢；始終處於失敗的人也會因自卑或挫折感而自惱。只測量部分人生來評價個人的一生，又是何等的愚蠢啊！

彷彿小孩向父母親撒嬌說：「隔壁的小健買了腳踏車，我也要買。」卻忘了自己已經得到了小健所沒有的玩具模型。

與他人比較，就像是兒戲般。也證明自己無法確定自我的定位，就像是還未從學校畢業的傢伙，困在那樣猶如井底之蛙的世界，也無法擁有「我就是我」的獨立思想，最後不得不在抱怨中度過人生。這個世界上，這樣的人實在太多了啊！

41 自立更生擁有更多助力

日本人有很強烈「依賴領袖」的習性，那絕對不是件好事，卻也可以窺看到日本執政者良善的一面，與歐美的殘酷統治者相較下，日本歷代的統治者幾乎都是施行善政。

好比德川時代的貢品，從數字看來或許以為百姓們繳了許多，其實朝代成立前雖是如此規定的，但實際上卻相當寬容。像電視劇中出現的那些壞官吏或冷酷的大人，事實上少之又少。若非如此，德川政權也不可能持續了近三百年的時間。

然而縱使這樣，也不容忽視日本的民族性，也就是深根蒂固的「完全交給領袖就能安心」的依賴心態。如今領袖換成了官員，實質支配著整個國家，過去（明治時代）的確存在著值得依賴的優秀官僚，但隨著日本富強後，自以為「可安心」的官僚們卻開始陷入無窮的墮落。

儘管如此，霸道橫行的結果，日本卻依然富強，所以即使官僚胡作非為的行徑洩了底，但卻仍不至於惹惱大多數的國民。例如，現在銀行的存款利率簡直比麻雀的眼淚還要不如，好像必須動用到顯微鏡才能看得清楚了。此種情況，若是發生在日本以外的國家，務必引起暴動或抗議事件。

但由於日本政局穩定，國民也不以為意，因為大家仍存有嚴重依賴領袖的心態，也因為大家都抱持著「雖存在部份的敗類，但那是任何集團都會有的現象。只要整體仍勉強過得去就足已」

的想法。

可是，從今而後卻不能再縱容下去了，因為即使國民沒有表達出憤怒，但時代的變遷也會促使社會構造逐漸改變。最後，再也不能任由官僚隨意處理。

此後，萬事要有自立更生的覺悟。所謂的自立更生，是指「不依他人之力，僅憑一已之力生存」。推演到工作方面，則是不再被動地等待上司指派工作，必須自己尋求應該做的工作。

那麼，難道完全不得仰賴他人之力嗎？其實不然，對於努力自立更生的人來說，必定在冥冥之中也有幫助自己的力量存在，如此一來，有了他人之力果真得以坐享其成了。有了自立更生的覺悟，才能擁有眾多外來的助力。

42 不要輕易心滿意足

滿足是重要的，但若是以為「這就夠了」或「無所謂」，則會造成情況每下愈況，得到一個滿足時，最好要再擁有找尋下一個滿足的欲望。

不過，似乎感到不滿的人較多，那樣的生活態度，是不可能感到快樂的。因此，更要學習知足。儘管滿足是重要的，但欲望的世界卻是無窮止境。

然而，一旦輕易感到滿足時，就會鬆懈，好不容易獲得的成就，也許就會消失殆盡了，所以，「滿足」還隱藏著可怕之處。

登山時遇到了暴風雪，拼了命逃命下山，突然看見山中的小屋。此時以為，「太好了，得救了」，反而因此待在小屋裡寸步不移。事實上，許多山難都是因為待在小屋那樣的避難場所而喪命的。

那麼，那時候又該如何才好呢？某位知名的登山家說過，他為了克制自己攀登山峰後的滿足心情，總是努力想著「下次還挑戰攀登哪座山峰」。這個方法應該也可以運用在人生上。

覺得自己的目標即將達成時，總是會心生滿足感。不過若一味沉醉其中，則會造成個人層級的低落，一旦低落後，就很難回復到原有的程度。所以，時時保持追逐下一個目標的意識，才是最佳狀態。

再有能力的人，只要鬆懈就會顯得能力的不足。進入大企業就職，就以為「自己的一生從此可以高枕無憂了」，便難以在公司盡情發揮擁有的能力。因為只顧著自我保身，還有什麼餘力發揮自我的才能？

以前的大企業盡是此類型的員工，擁有優秀成績才得以進入大企業就職，原本以為具備的能力應該相當優越，但自得意滿的結果，卻失去了展露頭角的機會。這類型的員工幾乎都會遭到淘汰的命運，那即是心滿意足所招來的惡果。

職棒球選手中，經常可看到今年活躍而隔年成績漸漸每下愈況的情形。大部分的原因都是因為滿足於自己的優異表現與年薪提高所致。反之，成績不佳的隔年，通常都能取得好成績。如此驗證下來，「滿足」其實也有出乎意料之外的壞處。

43 決定的事，絕不半途而廢

習性比想像中更容易成性。

觀察動物，就可以明白其中的道理。經驗過的事，而後必然也會反覆著相同的事。有些事就連訓練也無法讓動物深刻記住，為何會有如此的不同呢?差別就在於是否是令自己舒服的經驗或令自己不愉快的經驗。

可以讓牠們「心情愉快」的事，隨即就能成為習性，感到不愉快的或無動於衷的事，若無法累積多次經驗則永遠也無法成為習性。

人類也是一樣。有些人再怎麼做也無法順利完成，其實有大部分的原因是「半途而廢」。既然放棄了，就什麼事也無法達成了，若那時沒有輕言放棄，或許還能獲得些許的成果。通常，歷經那些挫折的經驗，也讓能力隨之飛躍似的提升了。

為了達成目標，必須具備兩個重要要素，即是才能與努力。若要將此兩個要素排列時，一般人都會如此思考。

「才能有著個人的差異性，而努力則是任何人都辦得到的。」

因此，具備才能的人應該好好發揮自己的才能；自覺到才能不足的人，則可以靠努力來填補不足，這就是一般人的觀念。

然而，事實並非如此。為了達成目標，並不太需要具備才能與否。只要堅持努力下去，大部分的目標仍可以達成的。

若以兔子和烏龜的腳力來比喻才能，無疑獲勝的應該是兔子。但是，縱使想要藉才能獲勝，若怠於努力，即使擁有十分的才能也只能展現出三分而已。

才能必須隨著努力而展現，因此，努力發揮才能，大抵的目標應該都能成功達成吧。

問題是要如何努力呢？實際上方法很簡單，就是努力時切記「不可半途而廢」。

只要半途不放棄，任何事情必能順利進行完成。事情進展不順利時，很有可能是因為在達成目標之前，就選擇了半途而廢，也就是說，問題出在個人能否堅持下去。

為了避免半途而廢，必須做到以下的三件事。

一、**就是「快樂」**。不管如何努力都要保持愉悅的心情去實行，如此一來，努力就會變成一種習性。因為多數人以為，努力是「痛苦之事」。

人們總是喜歡做著能使自己愉悅的事情，自覺痛苦卻不得不努力時，只要稍有挫折就變成半途而廢的契機。所以努力時，無論是何種形式，都要試著在過程中尋找到樂趣。

有位男子被迫老是做著洗碗的工作，洗碗是再單純且單調不過的工作了，即使試著努力也不可能感到有趣啊！不過，他卻試著如此思考：「究竟該怎樣做，才能快快樂樂的洗碗呢？」最後他決定把它當作一種遊戲來看待。例如，自己一分鐘究竟可以洗幾個盤子，當既定的目標達成後，又再把目標提高。挑戰破紀錄，這就是樂趣的所在。

二、**意識體會自己究竟「做到何種程度」了**。其努力的結果，必能抵達目標的終點，但若由終點往回計算，就可以確定自己現在身在距離目標多遠的位置，有點像邊看著導航儀器開車的感覺。

三、**是考量達成目標時所能獲得的「利益」**。想像著達成目標後，能獲得「這樣優渥的結果」，就算再辛苦也不以為意了。

符合了這三項要件，不論做任何事情都不太容易半途而廢了。

44 少一點主張，多一點行動

這個世界上充滿著主張。身處在目前這個時代，人們可以暢所欲言，那樣的情況倒也令人無可奈何。但只要仔細觀察，喜歡拿出主張作為擋箭牌的人，多半是輸家。現今的時代，最需要的是「果斷的行動力」，而不再是自我吹噓。

最近的兒童受虐事件，最令人感觸深刻。那些虐待小孩後而遭到逮捕的可怕父母親，總會說著：「那不過是為了教育而懲罰罷了。」這應該算是最可怕的推託之詞了吧！

然而，兒童受虐事件的關係者卻也同樣地睜眼說著自己的主張。家庭暴力防治中心的人員說：「我們真的有好好監視著，不過畢竟還是必須尊重隱私權。」警察說：「只要沒有人報案，我們就沒有插手的餘地。」醫生也說：「這樣的傷痕，除了虐待之外也可能因意外而造成，實在很難斷定。」

每個人都堅持主張說「我們沒有錯」，而無罪的小孩卻像是斷送了一生幸福般深受創傷，甚至生命垂危。類似那樣的可怕的事件，在世界上不斷上演著。

商業界也是一樣，盡是「成果主義是不公平的」、「委外發包形同裁員」、「派遣員工與正式員工應該待遇相同」等各式各樣的主張。

因此，務必睜開自己的雙眼仔細觀察現況。滿嘴盡是主張的人，總是藉此把自己安置在最安全的位置上，然後自我吹噓。而成功的人、或是努力認真工作的人，是不需要陳述任何主張的。

在自由的社會裡，任何主張都能暢行無阻，與言論遭到限制的國家相較起來，這樣的社會型態卻也形同散沙。畢竟，許多事情或制度在推行時，會顯得較為緩慢，因為任何人都可以發表自己的言論。自由主義社會所附帶的弊端，從日本這十年來所發生的事件中就可看出端倪，那樣的傾向，絕對不是好現象。

所謂的主張，除了「事物的道理」之涵義之外，也帶有「牽強附和」、「固執己見」的意味，而又以後者的傾向居多。因此，處處提及主張時，反而造成事情無法順利進行。有人說「無論走到哪，主張與膏藥都行得通」，目前的現狀就如同那樣。所以，若期待自己有所發展、成長，務必去除掉主張的心態。總之，舉著主張的人就意味著是缺乏行動力的人。

45 問題意識幫助取得資訊情報

身處在這個時代，無論付出任何代價為的就是取得資訊情報。雖然是過去已存在的現象，但時至今日卻有愈演愈烈的趨勢。

問題是要如何才能取得最新的資訊呢？由於自身擔任的職業之故，我是經由網路搜尋取得，不過事實上那些取得的資訊情報往往是沒有保障的，內容常是未經考證，但問題就在於「是網路上所搜尋得到的」。

只要敲打鍵盤隨即能出現的資訊，任何人都能輕易取得，正確說來那應該不能再稱作資訊情報了，畢竟失去了應有的新鮮度。因此，我認為網路所取得的資訊情報與百科全書無異，打開百科全書就好比是利用上網搜尋資料。

真正的資訊情報，就如同每個人所知道的，是各個資訊情報的組合，是見解，也是一種預測。例如，有關中國對日本百般為難的消息，不應該以個別事件的資訊情報來看待解讀，應該從中讀取到，「中國政府也有不得已該那麼做的處境」，這才是真正的理解情報。

「不應該參拜靖國神社」、「應該重新認識歷史」、「愛國無罪」等一連串的發言，或是中國國民的動向，不過是資訊情報中的片段罷了。若是對此隨之起舞，就陷入了對方的佈局中。

那麼，究竟該如何培養匯集真正資訊情報的能力？那就是對任何問題抱有問題意識。所謂的問題意識是指，「世界的趨勢為何」、「日本與中國之間的關係應該如何是好」，從這些觀點來看待問題。此時最能提供幫助的就是報紙的評論，在本質上，與網路的情報資訊是截然不同的。

對問題抱持問題意識時，就能了解，大半的情報只不過是個別且片斷的資訊，同時，平常會忽略掉的資訊情報，也能廣泛匯集得到。

例如，沒有計畫結婚的人，根本不會注意到社會上與婚禮相關的資訊是如此氾濫。因此，一旦決定「結婚」時，這些相關的情報資訊就會如同洪水般湧來。

其中大半的資訊都是片斷的，聰明的人會組合分析這些資訊，然後從中找到對自己有利的，並加以有效運用。對於那些深感「資訊情報不足」的人，只要試著對問題抱持問題意識，對於資訊情報敏感度也就能相對提升了。

46 養成認同對方的習慣

當生活中遭遇到極大的障礙，拿自己的處境與別人相較時，就會出現羨慕的心態，那是人的常性。過度在意時，人生就不會感到快樂，工作也無法順利。自認具有那種習性的人，若不盡早修正自我，恐怕就會引來一連串的不順遂。

古希臘的大哲學家說：「若沒有一絲的嫉妒心，必定也無法對朋友的成功感到歡喜。」能把朋友的成功，當作是自己的成功般而感到快樂，這樣的心情任誰都有過。但是，若說內心沒有些許的嫉妒，是不可能的。所以，只要身為人類，都擁有強烈的嫉妒心與羨慕的情緒。

但是，也有這樣的見解。

「欠缺才能與意志時，才最可能產生嫉妒心。」

這是瑞士哲學家Carl Hilty所說的話。有能力的人、努力的人、有自信的人是不會羨慕別人的，而能心平氣和的區分，「別人是別人，自己是自己」。

所以，成為有能力的人、努力的人、有自信的人，就能不為嫉妒或羨慕所束縛，那麼，就成為那樣的人吧！但那卻不是那麼簡單就能做到的。那究竟該怎麼辦呢？

英國詩人John Gay的這句話可以提供作為參考，他針對嫉妒心如此說道：「嫉妒是一種讚賞。」既然是一種讚賞，那就把它當成讚賞吧！

也就是說，應該要全盤認同對方。與其在內心想著「那個人好厲害啊」、「表現得真傑出」，倒不如明明白白地表現出來。此時，最重要的就是，「對於讚美認同的表達，不要顯得猶豫不決」。

嫉妒與羨慕，通常是因為比較而產生的。因為比較，於是認為「自己被超越了」、「敵不過對方了」，進而心生出「輸了」、「好後悔」的情緒。為了避免那樣的情緒逐漸擴大，最好的方法就是毫不遲疑地表現出讚賞。

這個方法能帶來有很多好處。首先，可以讓自己不會懷有不必要的嫉妒與羨慕。人類是不可思議的動物，當說出「真是太好了啊」、「真是太好了啊」的時候，即使是他人的事，也會猶如是自己的事情般由衷感到高興。

第二，可以漸漸改善與對方的關係。被讚賞的人，對於能由衷為自己祝福的人容易心生親近感，因此，既然人際關係獲得改善了，當然也不可能變差了。

第三，可以從對方身上獲得許多的建議。雖不是所有的人都會那麼做，但至少對方會告訴你「如何去做會比較好」，當然也不可能會碰上扯後腿的不幸事件。

縱使，以上的見解皆與事實不符合，受益的仍是自己。

例如，獲得讚賞後，對方卻毫不客氣地回答：「怎麼樣，很了不起吧！」類似這般傲氣的人，其實在思想上並不成熟。只要瞭解這個部分，就可以為自己帶來極大的正面價值。此外，此類型的人終究是成不了大器，最好與他保持距離，才是上策。

對人產生嫉妒、羨慕是經常會有的情況，因此，如果認為「這個傢伙真了不得」時，就坦率地表示認同吧！僅是些許的做法差異，就足以令人生之路走得更為順暢。

47 「至少沒有失敗」遠勝於「贏得勝利」

人生中意外贏得勝利，是很少有的事。所以，秉持著「只要不至於失敗就足已」的心態，反而能獲得更好的結果，而且還能持續維持佳境。

贏得最大勝利的人，往往也會落得最大的失敗，這是常有的事。在ＩＴ相關企業界，許多公司起初都是孤軍奮鬥創業，創業數年後，終於成長為擁有數千名員工這樣的大型企業，但是卻在轉眼之間經營失敗，或是遭到收購的命運，勝負的世界，果然猶如高山與深谷般的懸殊。

一如拿破崙那般的大英雄，可說是人類歷史上最大的「獲勝組」也不為過。從帶領一隊的小兵到成為征服歐洲的皇帝，他的成就不是住在六本木之丘的那些富豪之所能比擬的。

然而，他又是怎麼看待他自己呢？從他淪落到被流放孤島，最後孤寂而亡的悽慘遭遇看來，也許他會那麼認為：「終究是失敗了。」

亞歷山大一世也是如此。許多大英雄、豐功偉業的人，成就的業績固然壯大，但晚年卻落得沒落或慘死等的結局，奇妙地度過了潮起潮落的人生。

為何會變得如此呢？而解開其中秘密的關鍵就是「metamessage潛藏訊息」。Meta在希臘語是「超越」之意，所謂的metamessage，也如同「隱藏在背後的訊息」。

例如，學校所教導的科目內容，我們早已幾乎忘光了，既不記得數學的方程式或公式，當然也不記得自然學科裡的化學反應式等。另外，身為大學教授，即使有機會，卻也不願意參加自己所任職的大學的入學考試。

雖然我們忘記了在學校所學過的知識，但實際上，學校卻讓我們體會到了所謂的metamessage隱藏訊息。

例如，因為忘記做作業而遭到老師嚴厲斥責時，長大成人後反而會變得嚴守約定。此外，在團體中欲發表意見時，總會舉手發言，也知道別人發言時，應該靜靜聽取，並等候順序發言。一旦再次碰到類似的場合時，也會無意識地照著去做，這就是隱藏訊息的作用。

那麼隱藏訊息與勝負又有什麼關聯性呢？

拿破崙這般偉大的大贏家之所以大慘敗的原因，也許是因為幼年時代的隱藏訊息所造成的結果。「儘管獲得如此的成功，但隨之而來的卻令人害怕」，也許在他的隱藏訊息內心深處潛藏著那樣的心態，所以才會走向不可思議的命運。

因為，也有些獲得絕大成功的人沒有因此落敗。即使壞事做盡，卻依然安然無事。因為他們的隱藏訊息並未朝著負面的方向所驅動，也因為隱藏訊息造就了一切。

可以肯定的是，幾乎大部分的人都受到自己的隱藏訊息所左右，更有絕大多數的人都學習到帶有教訓意味的隱藏訊息。

雖然不清楚，每個人究竟學習到了什麼樣的隱藏訊息。但是，那些大起大落的人們，深知那些教訓，但即使知道了，卻仍無法制止自己的行為，最後只有朝向負面的方向前進了。

所以，「至少沒有失敗」遠勝於「贏得勝利」。即使獲勝了，也不要自滿地嚷著：「勝利了！勝利了！」而應該謙虛地說：「至少沒有失敗」。能做到這般的人，才是真正的勝利者。

48 絕對不泡進溫水的澡堂

我認識某位30多歲的年輕經營者，頭腦好、人品佳，有升遷向上的企圖心，同時也專注於自我學習上。他經營了兩家公司，努力勤奮地提升業績，但是，就我看來，他的未來恐怕是難有太大的成就。

為何會這樣呢，由於就是因為他感染了日本傳統的壞習性。在他獨立創業以前，任職於一家小型的顧問公司，所以他的工作經歷都是在那裡磨練養成的。而問題就出在那些工作經歷，儘管說是顧問公司，卻與當時的郵政總局有著密不可分的關係，可以從中得到利潤豐厚的工作。例如，以非法的高價賣出郵政總局承包製作的小冊子，除此之外也與政府機關勾結秘密接洽訂單等工作。

由於在那樣的公司培養了工作經歷，累積了人脈，於是造就了難以改變的習性。在工作方面，比起工作的內容，他更在意的是如何打好關係與應對進退。

那作風實在不像是30多歲年輕社長所應有的表現，但他卻自以為自己相當了得，以至於導致後來的悲劇。

他利用人脈，因此幾乎毫不費力就能贏得工作。儘管公司規模不大，但在反覆的商談之後竟以為有利可謀，而不惜請求承包公司代勞。但是，最近這種手法已經愈來愈行不通了。以為就要拿下案子了，在努力「應酬」之後，到頭來竟是泡了湯。

然而，他卻不想改變自己的做法，甚至完全不想改掉那已經習慣的習性（也就是輕鬆的方法），也沒有改變轉換的勇氣。

由我看來，以應酬款待的方式取得工作之類的手法，已經是相當落伍了，不過實際上，這樣的手法依舊根深蒂固且橫行商界。

其實，我想說的是，現在的年輕人「絕不可再仿效舊有的做法」。

「我應該不至於會那麼做吧！」

也許你會認為自己不至於如此，但實際上，卻仍是有許多年輕人承襲著那樣舊有且充滿弊病的商業手法。

只要經歷過那樣輕鬆的方式後，就難以改變了。就如同浸泡在暖呼呼的澡盆裡，最後再也不想從那裡脫身而出了。

聽過如何煮青蛙吧，就是將青蛙放入水中，再慢慢地調高水的溫度，此時青蛙根本沒有發現水溫已經變熱，於是就這樣被煮熟了。

當身體感到冰冷時，即使是一般的溫度也會感到燒燙，更不用說泡澡了。

剛才提到的那位年輕的經營者，就是處在水溫漸漸變熱的危險狀態，而自己卻依然沒有自覺。

近來，已經不太常聽到所謂的「交際費」或「應酬款待」，但其實社會上仍存留著那樣的惡習，例如最近，有人指控鋼骨橋樑的業者進行「疑似暗中交易」。

現在，即使在會計方面也實行「國際基準」，並儼然成為常態。過去日本已視為理所當然的「我行我素」，在全球化時代的來臨後，恐怕漸漸不再受用了。所以，想看看自己是不是處在「暖呼呼的澡堂裡」，然後開始重新檢視自己的觀念或工作態度。

49 成爲提案型人物

學習技術的人，大抵都是希望在其領域成為專家。專攻生物學的人，通常難以離開自己專長的領域跨越到另個世界；學電子的人，一旦進入電子公司，一生就難以逃離電子專業的世界。

某位年輕人自建築系畢業後，即進入某大型建築工程公司上班。他的志願是成為建築師，所以才會選擇與自己目標相近的職場上班。但進入公司後，卻事與願違，並不是被安排在規劃設計圖的第一線上，而是被分配到都市開發事業部的企劃部門。

當時他如此思索著，「想成為優秀的建築師，就必須涉獵與開發企劃相關的工作，業界所有的細節都必須無所不知才行。」

所謂的都市開發事業部，就是進行所有的規劃，例如如何有效運用土地、理念的確定、具體的建築計劃、資金調度、投資回收計劃等各種必要的企劃。

再加上，為了讓其他人也能認同此計劃，就務必做出簡報以說服。因此，不知不覺中也有了著手簡報的技巧，甚至儼然成為高手。

不久之後，隨著泡沫經濟的到來，該大型建築工程公司陷入困境，於是開始進行裁員，若當時他真的成為一名建築師了，恐怕在公司的立場就顯得詭異多端。

因此，他很慶幸身在企劃部門，而後甚至被派遣到建設局（當時）的委外團體。那個工作是與日本開發銀行合作，對於都市開發事業進行協調融資，積極推動不動產證券化的業務。

由於該團體有來自金融機構、證券公司等的人才，對於建築出身的他，根本是與自己專業領域完全不同的世界。在這裡，他開始學習不動產金融，歷經那些經歷後，他遂朝向不動產投資基金創業。他就是青木嚴，是大證Hercules上市企業的Asset Managers最高執行總裁（COO）。

從期待成為建築師轉換到不動產金融界的最前線，坦白說的確是令人意外的發展，這樣的轉換，實則是因為他經歷過都市開發企劃等所有的業務。

現今的時代著重的就是專業能力，再者則是企劃提案，需要的是將所有規劃實現的能力。而此能力最大的原則，就是具有提出建議方案的能力。

若僅是一味地照本宣科遵從指示辦事，終究會無法獲得業界的認同。再者將此最低限度的能力，視為理所當然，即使日後轉換跑道，此能力也不足以應付未來的挑戰。

所以必須要附加上某些工作經歷，而最重要的就是懂得如何企劃，並具備提案的能力。

或許有人會認為，「自己並不是身處在思考企劃的部門裡……。」但是，所謂的提案能力，即使是企劃開發以外的工作也是絕對必要的。

也就是說，無論是從事何種工作都會遇到問題，而問題必須盡快解決，需要的就是當機立斷把握住問題點尋求解決的能力，進而來說即是所謂提案的能力。

也許有人會還在猶豫，究竟自己應該具備那些技能呢？其實不需要迷惘，所謂的技能就是「熟練後的技術」，只要專精於某一項目即可。例如，處理顧客抱怨的能力也是非常了不起的技能，而最重要的是，該如何利用自己擁有的技能，充分發揮在提案上。

50 培養提出疑問的能力

從今後開始，有不懂的地方或疑問時，就應該具備提出疑惑詢問他人的「能力」。

一知半解卻又不肯詢問他人，或者，不知道緣由卻又不想深究了解的人，恐怕是很難在這個時代生存下去。因為，社會的未來趨勢會逐漸朝向專門化且細部化。

近來，從事醫生、律師、護士、技術研究員等需要高度專業的工作者，只要偏離了自己原有的專業領域，就會顯得「完全不知所措」的狀態。因此，最近才會盛行資訊交流這樣的說詞。

以前有所謂「詢問乃一時之恥」的說法，不過身處在現代的時代，發問再也不是羞恥的事了。不問更會造成事態嚴重，應該改口說：「不問才是一生的恥辱。」

有人會說：「事到如今，已經不敢再去問那種問題了。」但擁有這樣想法的人，恐怕會漸漸趕不上時代的腳步吧！

要如何培養提出疑問的能力呢？每個人都有其自己的行事風格，不過，面對自己所不知道的事情，隨口詢問「那究竟是什麼？」畢竟不是最有效率的提問方式。最後反而會記下了許多不相干的細節，而忽略了重點。

提出問題時最重要的是，必須明白自己究竟想要了解什麼。只要了解自己想要知道的部份，自然就會如同海棉吸水般，立刻深刻印入腦海。

例如，想學習電腦裡的「Excel」時，有人會買來Excel的書籍，然後專研苦讀。因此，想要成為Excel的高手，勢必需要耗費很長的時間。

儘管研讀時，書本中所寫的都是重點，但若能請專精的人加以教導，就能很快地抓取道書中內容的重點。有時是因為不知道書本的重點在哪裡，才必須全部閱讀完畢以求了解。

而且，研讀自己陌生的專業書籍，也不可能馬上理解。因此，如果想成為Excel的高手，不妨先掌握住「自己想要了解什麼」，然後再慢慢詢問專業人士。

51 拓展人脈，與不同世界的人交往

人脈是重要的，到了一定年齡時，每個人都會對這個理論深表同感。不過，下意識拓展人脈的人，卻是少之又少啊！

與人相遇是日常生活中自然會發生的事，雖然僅僅是單純的接觸交往，卻可能因此衍生出各種人際關係。然而，這種交往只是一種單純巧合的相遇，有些人脈是應該懷有意圖去進行累積。

現在年輕人的人際關係，面對的多半是同世代的人，很少有機會結交到與自己年齡差距較大的朋友，或不曾與自己完全不同世界的人們接觸。這樣是不行的，趁著年輕，應該盡可能與各種層面的人們相處與交往，開拓視野，也容易帶來各種難能可貴的機會。

人脈的形成有兩大原則，一是「拓展廣闊的人脈」，二是「選擇」。

這兩項原則雖背道而馳，卻也說明了趁著年輕時，應該盡可能開拓自己的交際圈，與各式各樣的人接觸交往。年紀愈長愈不容易結交到真正的朋友，最好的朋友都是由年輕時累積下來的。

進入職場後，與人們交際的圈子也無形縮小了。愈是熱衷於工作的人，愈容易落入這樣的情

況。儘管與工作來往的夥伴增加了，但過去交往的朋友卻漸漸行漸遠。

雖然是難以避免的情況，但卻也不是很好的現象。想要珍惜持續友誼，就應該每年寄送賀年卡，或是偶爾出席同學會，努力不讓友情因此斷了線。

同時，為了營造新的人際關係，也應該嘗試與各樣的人接觸。例如，一般人恐怕難以認識黑道的朋友，但年輕時若有機會，應該也不需要刻意迴避，不要因為職業的高低而選擇朋友。

人際關係，經常有所謂的「物以類聚」，無論是好是壞，總是相似者才會聚集在一起。若是放任著這樣的觀念，恐怕人際關係會永遠陷入自己的立場與思考的模式裡。

世界級富豪羅斯柴德家族的創始人麥耶爾·羅斯柴德是一名古董商人。當時的古董商人何其之多，但羅斯柴德卻與他們不一樣，他很有居心的拓展人脈。

他為了收購古錢，於是與許多擁有古錢的貴族們深交，因而掌握到絕佳的商機。如果當時他遵從了物以類聚的法則，以為身分低賤的猶太古董商人不應該與貴族攀親帶故，恐怕就沒有往後的財富了。

打破物以類聚的觀念，趁著年輕時盡可能與自己不同世界的人們交流，如今這個時代，如果無法活用他人的智慧與力量，是無法成就大事業的。不過，人際關係何時或以何種形式帶來「良機」，卻也是難以預測的。

52 從自己的國家到國際的舞台

現在的年輕人，身處在國際化的時代裡，總是希望自己具備「國際化的特質」，即使目前在國內的公司上班，但不知何時會被指派到上海或紐約去。

為了因應那樣的需求，許多人認為應該先學個語言。然而，成為國際化的商業人士，除了必要的語言能力之先決條件之外，應該也要留意以下三點。

首先是，「理解本國的文化與傳統」。身為日本人總以為怎麼有人會不懂自己的國家呢？但令人吃驚的是，戰後的日本年輕人對本國的文化或傳統的確是陌生的，這應該說是戰後教育上的缺失吧。

在國外，不論是哪個國家，都會利用各種方式教導孩童本國的文化及傳統。因此，幾乎每個國家的年輕人對「自己國家」都相當理解，並且引以為傲。

以前，我曾聽過遠赴巴西參賽的少棒隊教練說過，比賽前演唱國歌時，巴西少年各個排列整齊大聲高唱，而日本的少年卻慵懶置之不理，而且連國歌都無法完整唱出，真是顏面盡失啊。

去到國外，對自己國家的文化或傳統一知半解，不僅會被嘲笑，還會失去應有的尊重與信賴。至少，那樣是無法吸引該國高階層的人，而與之往來。

第二，「理解民族性的差異」。日本人經常會陷入「每個人都是一個樣」的迷思，但是，不同的國家當然也會產生不同的價值觀，所以，理解該國的民族特性是相當重要的。

例如，最近引發與中國之間的緊張關係，就屬參拜靖國神社的事件了。日本認為再壞的人「死即成佛」，但中國人卻認為「即使死後也會遭到處罰」。因此必須了解民族性的差異，才能維持兩國之間的和平。

第三就是「自我主張」。日本人彼此相處時，縱使再曖昧模糊的態度也能溝通，但到了其他國家就行不通了。所以，無論是身處在日本或其他的國家，都應該明確地彰顯自我主張。

成為國際化的商業人士，在言行上更必須兼具「比本國人更像本國人」。

53 喚回童心的創造力

評斷頭腦好壞的基準，最著名的就是智商（ＩＱ），而最近又以情緒商數（ＥＱ）最被廣泛提出使用。

ＥＱ較ＩＱ優秀時，不僅工作順利，而且人生的幸福感也會相對提高。其實還可以再增加一項，就是第三指數，也就是創意商數（ＣＱ）。

這是由美國的Ａ・克雷傑曼所提倡的。

此概念來自於——喚起孩提時期每個人具備的種種能力，期待發揮在事業方面。

有些人真的願意相信，創意對工作是有所幫助的，實際上CHRYSLER等知名的大企業，都是參考了CQ而成功的。

究竟，何謂「創造力」呢?克雷傑曼的《*Lessons from the Sandbox*》（日譯為《每個人天生是「銷售天才」》，小學館出版）一書，列舉了以下十三項能力。

一、遊戲力
二、專注力
三、集中力
四、催促力
五、領導能力
六、感嘆力
七、抱持好奇心
八、質問力
九、挑戰力
十、創造力

十一、參與力
十二、感受力
十三、完成力

這些能力，在逐漸變成大人的歲月裡並不會消失，但與幼時比較起來，確實顯得較為微弱，而克雷傑曼所提倡的，就是加強並活用這些能力運用在事業上。

例如，孩子們常常會提出問題，有時甚至把大人都搞得不耐煩了。然而長大成人後，若遇到不懂的地方，卻很少提出疑問。為此，CHRYSLER公司規定開會時，出席的全體人員皆有提出質問的義務。

在韓國，急速成長的企業samsung追求的是員工的「感嘆力」，甚至編列了使其發揮的方法。另外，也有些企業準備了籃球場或樂器，讓員工能在公司內「遊戲」。

在完成事物的過程中，孩子的童心擁有了大人所沒有的優勢。不只限於工作，不失童心有時也能使人生加分。不妨再次重新檢視自己內心裡那個像孩子的部份吧！

54 不灰心，努力做好不重要的工作

任何公司，都有所謂主要的工作，以及不甚重要的工作。被分派處理主要的工作時，會令人有充實感，但若被分配處理不重要的工作時，多數的人都會感到灰心失望。

即使在論資歷且終身雇用的年代，仍有此令人感到無奈之處。公司對於各人的期待度，自然也會反映到人事或工作上。

但是，觀察最近企業的高階人事異動，卻漸漸發現過去以為常態的現象，如今已經無法適用了。現在，看來前途大有發展的那些企業社長們，竟多數是出身於與本業相違的領域。

例如，日本財團聯合會的奧田碩會長，是從豐田汽車裡的不起眼部門努力往上，他曾經被派遣到馬尼拉六年半的時間，只能說他的上司沒有識人的眼光吧！

最近，前景極佳的武田藥品工業，使其公司起死回生的武田國男，也曾失去過表現的舞台，以及不斷遭遇到挫折失敗，「社長曾經……？別開玩笑了吧。」聽聞此過程的人無不感到不可思議。

為何會產生如此的變化呢？因為在變化激烈的時代，無法再遵循與過去相同的作法了。

那些專精主要工作一路風順走來的精英份子，由於難以嘗試嶄新且不同領域的事物，再加

上，礙於歲數年長的緣故，根本無法立即割捨、改變過去做事的方法與經營方針。

關於此點，對於那些總是被派遣做些不起眼的工作的人，由於沒有任何牽絆反而能自由發揮，隨時採取應變的措施。其中的典型就是日產汽車了，自從作風開明的外國人卡羅斯•鞏擔任要職後即發生了良好的效應。

不僅限於高階人士，一般的薪水階級員工也應抱持如此的態度。若被公司分派到不起眼的工作，或是被派遣到子公司等部門，也無需感到消沉失落。

寧可把其視為「機會來了」，並待在該部門努力成長，總比待在總公司裡更能顯得表現出色。任何的低潮都是契機，最重要的是，當事者必須抱持著那樣的念頭投入工作，才能實際達到成效，只要做好自己的本分，就能對自我產生信心，實力也會隨之而來。然後，只要等待機會的到來就行了。

55 隨時做好轉職的準備

愈害怕的事情愈可能直襲而來，像是害怕遭到裁員的人，就特別容易被裁員。擔心害怕公司會倒閉的社長，就愈可能遭遇倒閉的命運。

那麼，若是不畏懼，就永遠不會面臨惡運嗎?那倒也未必。不過，當面臨問題發生時，接受的態度卻會截然不同。

例如，公司出現危機，患有公司倒閉恐懼症的社長，常常會因為恐懼而無法提出正確的因應之道，所以倒閉的機率也相對提高。

不恐懼的社長，卻把危機當做契機，於是接納危機的態度不同，接受並勇於面對，結果，危機果然變成了契機。

實際上，愈是成長發展中的公司企業，愈容易遇上危機。然而，能把危機當成契機，才能促使成長發展。

即使是個人方面也是相同的。若始終害怕遭到裁員，還能好好工作嗎?當然是不可能的。想繼續待在這家公司的話，就會表現出守護公司的態度。不過，身處在現在的時代，那僅是消極的人藉以展現自我存在的方法罷了。

我則認為，希望進入大企業或喜歡的公司就職，並期待「能在那樣的公司終其一生」時，相反地，抱持著「隨時都可以轉換職場跑道」的態度，可能更加適合吧!

如此一來，公司反而希望你繼續留下來。

大家都明白那樣的道理，與不請自來的人相較下，必須三顧茅廬的人更具有存在的價值。

現在的時代，變化萬千，原有的「終身職守」等觀念，已經變得毫無意義了。

假設你是一名表現非常優秀的員工，同時又是經營者之一，那麼，絕不可能遭到裁員的命運了嗎？

事實並非如此簡單。也許某日，突然某家完全沒聽過的企業來了電話，說道：「已經買下了你們的公司了。目前尚不需要撤換員工，但必須請目前的經營者撤離。」

無論何處都沒有牢不可破的立場，身為現代的薪水階級之上班族，都必須以轉職為生存的前提。當然，若能不轉職而繼續待在原有的公司，亦即是最好的解決方式。

56 沒有嘗試就不要輕言放棄

松井證券這家公司，雖是證券公司，卻決定放棄猶如支撐著公司生命的外勤業務。

決定放棄的是新上任的社長松井道夫，他繼承了養父所經營的公司。

當時，員工們極力反對。

「你可知道，我們是費了多少的苦心才找到這些客戶的嗎！」

松井社長回答說：「我知道大家很辛苦。但是，因此調高了手續費，恐怕會對客戶造成困擾。」

「那麼，放棄了外勤的業務，以後又該怎麼辦呢？」

「我不知道，不過，當客戶有需要時，一定會上門來的。」

多數的員工覺得「再也無法待在這樣的上司底下工作了」，於是紛紛辭職離去。但是，徹底廢除了營業業務與分店之後，業務全部交給專線電話，卻奠定了業績的成功。所以，任何事都必須先嘗試看看，才能知道結果。

而後的松井證券，不久歷經了網路時代的到來。當然，有關是否替換為網路服務的問題也浮上了檯面。有時，人們總是過分拘泥在成功的經驗裡。廢除了營業業務時，松井證券頓時墜入業界的最底層，深刻感受到「必須去做些什麼新的嘗試」，於是促成了果斷的決定發生了效用。

然而，這回曾經令公司起死回生的電話交易，卻不是那麼輕易就能喊停不做的，不過，松井還是選擇了嘗試。特別因應網路而規劃業務，最後依舊是獲得成功。

「首先必須捨棄所有的一切，捨棄了之後，新的事物才能放得進來。有人認為，過去的模式先暫時擺在一旁，待新的模式成功後，再捨棄也不遲。但這種方式，往往都是失敗的。」

決定開始進行某種嶄新的事物時，大部分的人都會持反對的意見，認為「那鐵定會失敗的」。不過，任何事情若沒有了開始的嘗試，而自己認定會失敗的話，反而自我封閉了所有的可能性。當心中興起了某個念頭，不妨就放手一試，必定能開啟些什麼。

57「不放棄」就是一種才能

曾經寄宿在地下鐵廁所，過著流浪漢生活的人物，最後竟然在證券業界獲得成功，而成為億萬富翁。此事經過報紙、電視的報導，立刻成為美國最熱門的話題，不久並由威爾・史密斯擔任主角，準備拍成電影。雖說美國人皆具有懷著美國夢的民族性，不過流浪漢變成了億萬富翁，倒也是奇特的事。

究竟，他歷經了什麼樣的過程，最後才有了那樣的結局呢？想必大家都很想知道吧！以下就簡單做個介紹。

事件中的主角克里斯・卡特納，曾擔任過醫療用品公司的營業員，因嚮往進入Broker公司，所以決定跳槽。但不幸的是在跳槽前卻失去了工作，導致妻離子散，而後又因違反了交通規則，最後進入牢裡服刑，為此，他的人生頓時陷入愁雲慘霧之中。

脫離了牢獄生活，再度決定進入Broker公司試試，但卻被當作實習生看待，收入也少得可憐，既無法保障自己的居所，最後不得不開始了流浪漢的生活。

與一般的流浪漢不同，即使辛苦卻還擁有自己的工作。

他一邊過著居無定所的生活，但還是不願放棄僅有的工作，那種奮戰不懈的精神終於獲得大企業證券的經營者所賞識，因而開啟了幸運之門。

偶然的機會下，他終於取得了Broker的股權，登上了成功的階梯。目前，他則是白手起家的證券公司老闆。

在他最辛苦的時候，一刻也沒忘記幼年時母親對他說的話：「只要願意，什麼事都可以達成。」

其實他儘可以放棄一切，周遭的情況，彷彿都在告訴他：「就放棄吧！」

多數的人若處在居無定所的環境下，肯定會選擇放棄嘗試。但是，他卻從未放棄要成為Broker公司的一員。

也因為他沒放棄，才成就了他重新振作起來的的主要因素之一。所以，不輕言放棄，確實也是一種才能。

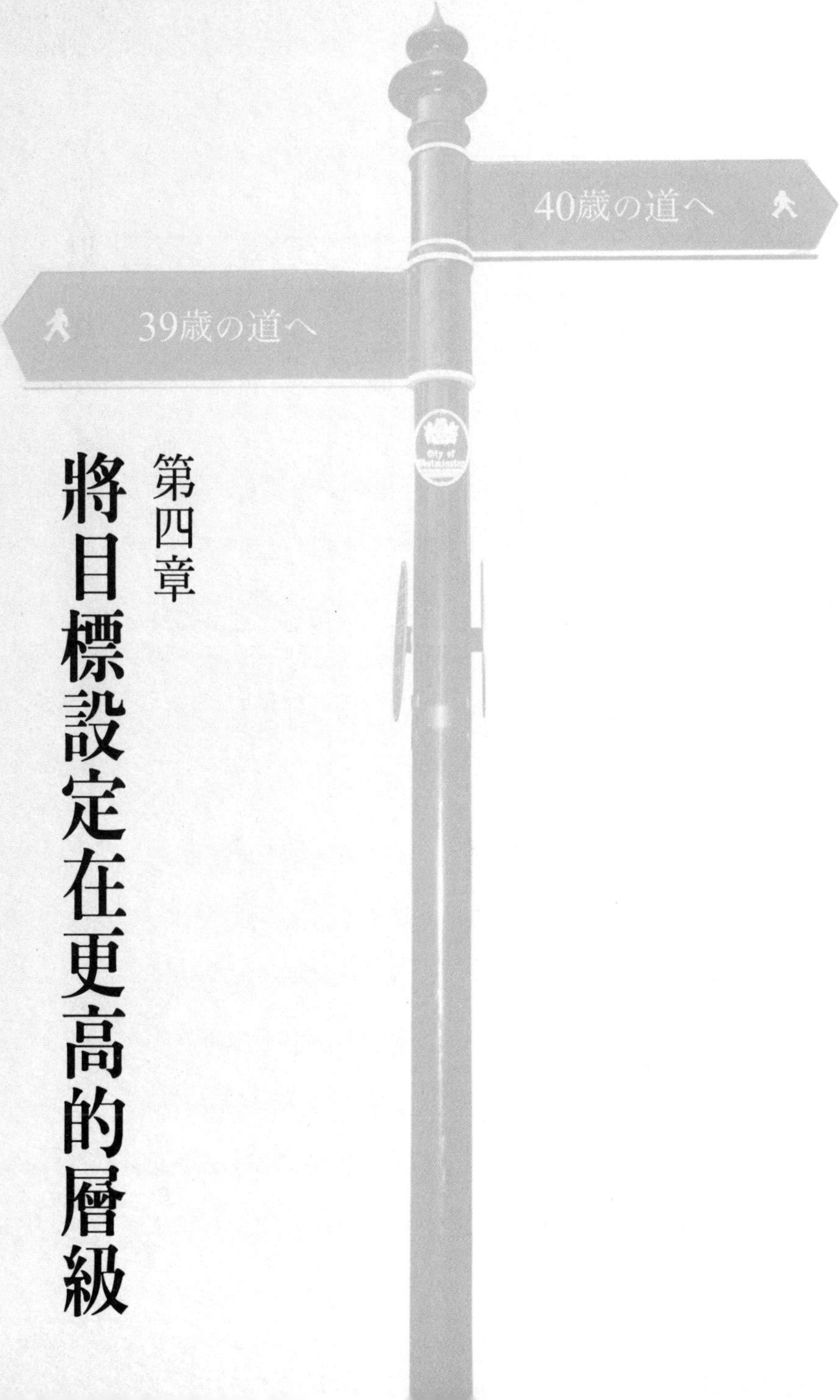

第四章

將目標設定在更高的層級

58「人財」比「人才」更重要

一般人認為，目前是上班族難以生存的時代，但我反而以為，這是個能夠擁抱夢想與希望的時代。

截至目前為止，縱使再有實力，想要在公司裡實現自己的夢想實在是非常困難。真的能辦到的，恐怕只有創業的經營者，或是自己的夢想正好符合公司所期待的方向的人吧！

現在的企業情況又是如何呢？雖然身為企業組織裡的一份子，仍有種種的牽絆與限制，但有時為了實現自己的夢想，也可以牽引著公司一步步往前邁進。在這個時代，縱使從鋼鐵公司轉行到麵店或拉麵店，一切從頭開始，也不會有任何的不妥。

聘請將公司當作跳板或利器的員工，倒不如僱用追求自我夢想的員工。因為這是個嶄新的時代，那些擁有積極態度及努力追求新事物的人們，才能因而從中受惠。同時，過去薪資制度的種種制限，也會隨著成果主義的盛行而破除。

但是，想享有如此完美的環境，最重要的條件之一，就是必須成為「人財」而非「人才」。

人才與人財的差異為何？對公司來說，人才是「有能力的工作者」或「對公司有幫助的人」，也就是說，人才是無法跳脫出公司組織的框框之外。

那麼人財又是什麼呢？除了有能力且對公司有所助益等的必要條件之外，還必須是有魄力突破與創新公司的組織結構，同時還具有重新創造的能力。簡單來說，身為員工還必須擁有相當於經營者的能力。

有能力的人才，其優異的能力是容易被取代的。即使沒有了A，只要找來擁有相同能力的B，對公司來說，根本不會構成威脅。然而，人財卻是難以所取代的。

從今而後，上班族若無法以成為人財為未來的目標，恐怕難有出人頭地的機會。

那麼，該如何成為人財呢？其概念其實極為廣義，難以一言蔽之，但參考最近的人事採用傾向看來，應該就屬「能夠自我充實成長的人」最被看好。

過去，耗費時間教育剛畢業的新進員工，施以戰力化的人才育成方針，在那個時代或許還來得及應付環境的需要。但是目前環境變化快速，漫長的教育養成將造成錯失商機。所以，在目前的時代最需要的是懂得自我成長，懂得自我掌握機會者。

「不記得從哪裡學習得來的。也許是前輩們的指導，或是參加了研習會，也閱讀了眾多書籍。但是，也不是所謂的學習吧，而是看著前輩們，試著做那些自以為辦得到的事，在失敗或受挫的過程裡，進而明白其中的要領。我就是那樣一路走來的啊！」

這是某業界被視為優秀的第二代接棒人的陳述。總而言之，應該成為如此的人物。

59 成爲危機時可以被信賴的人

企業組織的職務是會隨著年齡而有所變化的。

一般而言，20、30歲世代時，自己主動爭取才能獲得結果，若非如此，是很難獲得周遭認同的評價。

但是，邁入40歲世代的管理階層，如何培育部屬，使其成為有力的後援，則變成了評價時最主要之觀點。

在這裡，我將人們分為兩種類型。

第一種類型是位居第一線現場時工作賣力，能因而獲得優異的績效，但轉入管理階層後即突然毫無作為，失去了原有的存在感；另一種類型則是，在第一線現場並無特殊表現，而邁入管理階層即能展露耀眼的表現。

某位長年以來埋頭苦幹不斷創造良好業績的社員，由於樸素老實的性格，使得升遷之路顯得特別漫長。有一回，公司終於注意到了他的表現，遂將他升任股長，不久的將來還可能提拔成為課長……。

然而，職位升遷後，他的業績卻完全沒有起色，最後甚至罹患抗拒上班的心理疾病，於是在公司的安排鼓勵下接受心理治療。當時，他對諮商師說道：「過去，我只要將自己的工作做好就可以了。在那樣的環境裡我能積極工作，也能集中心力，做到最好的發揮。但是，成為股長後，底下還有部屬，想到要指導教育他們……，就無法專注於自己的工作。焦慮之下，竟也不知該如何是好了，漸漸也失去了自我的主見……。」

雖然認真努力工作，但卻無法同時進行處理複數以上的事務，會因而深感棘手。此類型的人，最好讓他們能自由且專注於自己專業的事務，不強迫給予職位，反而對其個人或公司來說，都是最好的決定。

但世俗是不容許那樣的情況，一旦累積了相當的經驗後，傳承這些經驗給予後輩，亦是一種任務與使命。為了順利達成任務，也同時必須學習部屬的心。但是，位居第一線且具有才幹的工作者，往往不懂得如何管理與教育部屬。

部屬其實都在仔細觀察自己的上司，缺乏存在感的上司是無法獲得他們的認同且瞧不起，自然也難以服從其指示。此時，上司愈是焦急彰顯自己的存在感，反而容易弄巧成拙。那麼，又該如何是好呢？

最有效率的方法之一，就是「平時看似樸實平凡，但在重要關鍵時刻，要成為大家直得信賴的對象」。這個方法只要實行一回，縱使平時表現平凡，也能讓人印象深刻。

在某個電影拍攝現場，為了拍攝一場主角與年輕人在會議上展開激烈辯論的戲，但某位劇中人物卻因太過緊張而一再說錯台詞，因而遭到其他演員與工作人員的冷眼看待。

此時，導演將那位演員拉到一旁，悄悄低聲耳語。待那位演員返回拍戲現場時，竟不會再說錯台詞了。

而後，有人詢問導演，到底對那位演員說了什麼話？導演回答說：「我告訴他，把身邊的人都當成自己的影迷，想像自己正沐浴在崇拜的眼光中，然後再試著演演看吧，如此而已。」

面對突如其來的場面，能適時給予對方適當的建言，就是值得被信賴的人。欲培養這樣的能力，其實並不困難，也無關於自己身處的立場或職務，只要待問題發生時，試著設身處地想想：「若換作是自己時，該怎麼辦呢？」趁著年輕時，就開始培養這樣的習慣。

60 培養解決問題的能力

與以往不同，現在企業需要的是解決問題的能力。過去，思考如何解決問題，是上司的責任，部屬只要聽從上司的指示去做即可，如今，若還是依循那樣的觀念，恐怕會被認為是無能的員工。

那麼，該如何培養解決問題的能力呢？最好的辦法就是，反向思考。

例如：少子化是目前最嚴重的社會問題，二〇〇四年的一點二八出生率打破了以往的一點三

○之記錄。人們對於此現象普遍認為即將陷入前所未有的緊急狀況。

若試著以反向思考，少子化帶來的真的僅有災難嗎？

以此觀點再來思考。

或許有人認為「的確是個災難」，但真是如此嗎？我個人倒認為，即使孩子的人數減少了，並不會帶來任何的困擾。

孩子的人數一旦減少，不僅勞動力、消費力或稅收都會短少。一般認為，國家的勢力會隨之衰微，因而衍生所謂「生產報國」的觀念，甚至有些人提議生養孩子能獲取補助津貼的方案，但如此微不足道的獎勵依舊無法遏止少子化的現象。

過去，日本也曾經歷過人口過多而困擾的年代。有人認為，日本的人口維持在八千萬人左右，才是最佳的狀態。

若孩子人數不斷減少，人口數減半，又該如何是好呢？那麼剩下半數的人口，就可以將原有的薪資提高二倍了，不是嗎？

如此一來，大家有了充足的金錢，所以消費能力也不會因而減低，當然也不必擔心稅收縮減的問題。儘管勞動力降低了，但這部份則可以委賴尚有工作意願與體力的高齡者，或是成立健全的體制讓想在日本工作的外國人，得以入境工作。當然，未來的世界機械自動化也會有所進步，只要將這些理念階段性的付諸實現，少子化的問題就不足以構成困難了。

意。

雖然有些人覺得是謬論，但若能以反向思考思考問題，就能想出過去所不曾想過的想法或創

就像平常熟悉的照片，若將照片顛倒過來看看，所看到的模樣是完全不同的。

有人說，未來是需要獨自努力的時代，儘管如此，但卻很少有人能具體指出獨自努力的方向又是什麼。

所以，縱使認同此概念，大部分的人仍然不知道該如何去做。此類型的人需要的是培養自我解決問題的能力。一旦問題發生時，最重要的莫過於自己思考如何求解決問題的方法。

無論走到何處，這個世間總有像調停者那般詭異的人物，儘管許多事情根本沒有他們插手的地步，但他們總能介入人與人之間，做出類似領導人物般的舉止，而他們也覺得自己不同於其他人。

為何總有他們得以生存的場景呢？原因只有一個，那就是他們擁有非常卓越的技能，而那個技能就是「解決問題的能力」。

雖然不是什麼了不起的本領，但是只要他們一開口，每個人都會遵循他們的指示去做，從此再麻煩的事情也都得到解決。

我並非鼓勵大家都去扮演調停者的角色，但是，從這些例子就可以得知，擁有解決問題的能力時能深受眾人的推崇。

61 不要違抗時代的演變

想要擁有幸福且美好的人生，必須遵守的鐵則之一，就如標題所示。

雖然有時會覺得「不敢違抗時代的演變，好像有點懦弱」，但是畢竟沒有人能夠改變或逆向時代異動的趨勢。

與其企圖改變時代的趨勢，更重要的是去了解時代的趨勢。所謂的演變與趨勢，是不會永遠朝著相同方向前進的。

時有彎曲，時有波動，當然偶爾也會逆向而去。完全理解演變的未來動向，然後再隨著整體大方向前進，才是最好的方式。

最近因為某些需要，於是針對在ＩＴ企業界有非凡成就的經營者進行研究調查，明白他們發跡的經歷，令人意外的是，這些成功的經營者幾乎沒有人一開始就對商業具有極高的鬥志與明確的信念。

他們都是不想違抗時代的趨勢，覺得「似乎很有趣」或「或許能造福大眾」這般簡單的契機，使他們走進了ＩＴ的世界。換句話說，有點像「奉子成婚」般，就那樣輕鬆取得了成功。

船若順著海流前進，就能節省燃料，所以只要不違抗時代的演變趨勢，就不會遭受到太多的艱苦，並能順利地達成自己的夢想與目標。

不過，必須注意的是，演變與趨勢經常會出現急速的變化。

在急速發展的過程中ＩＴ仍可能發生突然的泡沫化，與當年的不動產泡沫化相同，這些在時代演變的表層中具有流行特質的商業，最令人擔心害怕的就是其激烈的大起大落。

遇到那樣的情形發生時，又該如何處理呢？

某位ＩＴ經營者舉了以下的兩個圭臬。

「在一帆風順時要為最糟的情況做準備，在最糟的情況下要為未來最佳的時機做準備。」

「做最大的最壞打算，做最小的樂觀預測。」

若能如此通達事理，就不至於產生重大的過失，也能順應著時代的演變而勇往直前。對於自己的未來困惑不已的人，從現在開始不要想得太多或太難的事，總而言之，先思考自己該如何順應時代的演變吧！

62 今後是「推理力」揚眉吐氣的時代

在商業界的領域，並不太重視所謂的推理能力。

反而是判斷力、決斷力、忍耐力、集中力、持續力等等，被視為在工作上必須兼備的能力，然而「推理力」，卻幾乎很少得到重視。

但是，今後的時代，推理力卻是非常重要。為什麼呢，因為身處在這個時代，任何人都可以方便取得情報資料了，但是，該如何解讀情報資料的內容，卻可能左右著工作的結果與個人的人生。唯有推理的能力才能解讀未來的趨勢，所以未來，推理力是不可或缺的必備能力。

「為何會造成那樣的結果？首先自己定下多方面的假設，然後再一一分析破解。若沒有擁有那樣推理思考的能力，恐怕就無法成為真正成功的人吧。」

這是某位擁有專家級水準的修手錶達人所說的話。

過去，為了學習如何修理手錶，還會特意將手錶弄壞，然後試著研究修復，算是一種相當粗暴的研修方式吧，不過為了早日成為技術高超的師傅，那似乎是最有效的方法了。其道理，就如同前述的那段話。

日本人似乎都太善良了，有時甚至在某些部份簡直與孩子們無異。只要聽到別人說什麼，就完全照單全收。因而，有人利用了日本人如此愚善的天性，詐騙人們匯款以騙取金錢，若是那些受害者能夠擁有些許的推理能力，就不會像個孩子般遭到詐騙之害。

在個人投資理財方面，對於投資股票的拙劣程度，也能同理可證。想要在投資股票方面獲利，也需要擁有推理的能力，一名成功的投資理財管理人，就是發揮了猶如名偵探般的推理能力。本書中曾提到，高居百億年收者中的那位超級上班族，他的專長就是優越的推理能力。

培養了這樣的能力，縱使看不見的事物，或是被隱瞞藏住的事物，也都能尋找得到，這也是擁有推理能力後最大的優勢。如今我們能夠輕易取得眾多的情報資料，總以為自己對於這個世界所發生的一切無所不知，但其實那不過是錯覺而已，在世間許多看不見的地方，仍有些事實是不為人知的。想要體會到那樣的實情，就必須認清且看透那些看不見的事物。為此，我們更需要拼湊那些顯現於表面的各種情報資料，然後去發掘隱藏在事情背後的真相，而擁有那樣的推理能力是迫切需要的。

63 「巧而慢」不如「拙而速」

有句話說——巧而慢不如拙而速。意思也就是說，儘管笨拙卻快速，但總遠比完美卻拖拖拉拉來得好。

現今的時代，做任何事情講求的就是「速戰速決」，雖然那是為了迎合時代的腳步，但卻也是生存下去的重要要素。

某位大學畢業後任職租賃公司的女性，五年來始終都被派任處理同樣的工作，由於「無法對將來的寄予展望」，於是決心轉換跑道。

當時她應徵了樂天，對於樂天採用制度之快速敏捷感到訝異，同時也理解樂天何以能如此快速發展的理由。

應徵考試的過程依序如下進行。首先是第一次的面試，面試的合格通知書在一個禮拜後隨即寄到，但這並不是最快速的。

因為，第二次面試的通知，只要兩個小時之後隨即知道自己是否錄取。的確是相當快速。之後，立即進行最後一回的第三次面試，然後隨即錄用。也就是說，在面試結束時，就能立即知道自己合格與否。

具有發展性的企業，做起任何事情都是相當速戰速決的。所謂的快速，就是面對變化做出敏捷的對應，若非如此，是無法在現有的時代生存下去的。

然而，速戰速決究竟能帶來什麼效用呢？那就是，選擇的範圍更為寬廣了。

其實，許多人都未曾察覺到，我們的人生，其實就是一連串的選擇。一早起床到晚上就寢，無論是有意識的狀態，還是無意識的狀態，就是在「選擇、選擇」中度過了每一天。

例如，早晨出門時，得選擇穿什麼樣的衣服，搭配什麼樣的鞋子。到了中午，又開始想著午餐該吃什麼……，所有的行動都是選擇的結果。總而言之，沒有選擇就沒有行動，若無行動則就不會衍生任何事情。所以，快速的選擇也伴隨著快速的行動。

另一種選擇則是，「正確的選擇」與「錯誤的選擇」。這也是極為重要的觀念。從「巧而慢不如拙而速」這句話的意思看來，選擇時，速度甚至比正確與否更來得重要。

當然，恐怕有人會認為，「正確與否比速度來得重要」。就以龜兔子賽跑的故事來說吧，就能明白拙而速的道理，若身處在缺乏變化的時代裡，或許「巧而慢」遠比「拙而速」來得重要吧。

就日本人而言，應該多屬於巧而慢這類型的吧！即使是政治家的答辯，也經常是「怎麼可能立刻改變呢？」的說詞，然後又以「待環境整頓齊全後……」、「待充分準備後……」等理由來解釋，儘管振振有詞，不過，卻深藏著極大的圈套。

因為環境的整頓或充分準備是否得當進行，是沒有證明可得證的。這種說辭，通常是不具有行動力的人們慣用的台詞。

「等到30歲再考慮看看」、「若有機會再試試看」，這些說詞都是「現在我並不想做」的推託之詞罷了。慣於惰性或害怕失敗的人，總是會利用這些說詞，使自己的行為正當化。

我們雖然無法永遠做出正確的判斷，但即使錯誤了，屬於拙而速這類型的人卻能立刻做出修正。相對地，巧且慢這類型的人已經習慣拖拖拉拉的做事方式，所以即使犯錯也不會立即改正。就這個部份來說，即可看出拙而速的優勢。

那些成功者的特徵之一，就是「經驗了無數的失敗」，毫無例外地，他們就是屬於拙而速類型的人物。在連續不斷的嘗試中，即使失敗了也能立即做出新的選擇。快速地做出選擇，才是通往成功的捷徑。所以，從今而後你還是堅持選擇巧而慢嗎？

64 隱藏自己努力的樣子

不論做任何事，都必須付諸一定的努力。

但是，那種努力的樣子，最好不要讓人看見了。因為讓人瞧見了，努力就彷彿是一種演技了。

日本棒球選手鈴木一朗還待在日本職棒聯盟期間，縱使比賽結束後，也一個人默默拿著球練習棒揮棒，但卻決不讓人看見自己努力的樣子。我能夠明白他的心情，畢竟那不是表演，所以讓人看見了，反而無法集中精神練習。

長嶋茂雄教練，在身為選手的那個年代，也是回到家後拼命練習揮棒，即使是那麼願意親近球迷的長嶋教練，也不願意一個人努力練習的模樣曝光。愈認真努力的人，他們「努力時的身影」愈不願意讓人看見。

刻意讓人看見自己努力的模樣，通常是希望自己努力的情況「能讓人知道」、「希望因而得到評價」。儘管能夠了解其舉動背後的動機，但那樣的努力反而是難以達成效果的，懷著演技心態的努力，其本身就流露著不真切的態度。

完美的努力，是儘管自己正在努力，卻連自己也未察覺到努力的這件事。當熱衷於某件事時，就是這樣的。直到之後，才發覺自己「原來做了那麼多的努力」。如此努力完成某件事，才能夠得到最佳的結果。

所謂的努力，原本就不能僅憑那樣的態度來當作評價的基準，只有交出結果的成績單時，努力才得到認同。即使未能交出成果，卻依然受到「很努力」的評價時，只是對方期待你能「繼續保持這樣的態度努力下去」，並非努力的這件事而獲得肯定。

從年輕時，就習慣在他人面前誇示自己的努力，但卻在別人看不見的暗處，淨做些愚蠢的事，這樣的模式也是行不通的。既然努力，應盡量在為人所不知的情況下默默進行，並習以為常。

不為他人所知，也無須顧及得失，少了些許壓力，純粹是為了自己而努力。若能持續養成這樣的努力，不知不覺中，即不再意識到「正在努力」這件事。隨著渾然忘我的熱中，相對地也提高了集中力，必定能經由身體力行而得到最佳的結果。

努力是樸實的，孜孜不倦努力的模樣，除非是見識頗高的人否則是不會看出來的。自己的努力，並不是為了讓每個人都知道「原來那個人那麼努力啊」，如此的努力才是真正的努力。

「努力是不會有結果的。」美國行動心理學的專家R.Farson說出了這樣驚人的話語。這句話究竟是什麼意思呢?也就是說,「努力」在強烈意識下進行嘗試時,「看似具有效力,但其實結果卻無法圓滿」。

並不是說努力也得不到結果,而是不得刻意意識著「努力」。況且,想藉著「表現努力的模樣以獲取他人的認同」這樣的想法,就表面的表現來說的確有其效果,但卻無法提高實際的效用。或許,你也曾經有過那樣的經驗吧!

不過,有時隨著努力的情況不同,也必須讓別人知道自己究竟在做些什麼。縱使說努力不該顯現於外,但有時實在不容許那樣偷偷摸摸地進行。但最重要的是,不要有想向他人誇示的意識存在。

65 保持輕鬆自在的「自我方程式」

螺絲轉得太緊時,反而無法起得了作用。人亦是如此,若時時繃緊神經,反而會弄壞身體或遭遇失敗。之前的JR西日本福知山線列車脫軌事故,原因之一就是駕駛員的精神處於太緊繃的狀態所致,肇事的起因是駕駛員自己先崩壞了。

類似的事件,在其他的地方也會發生。在護士的心中,「為了病人」是共通的理念,不過在體制尚未健全的醫院，一味地為病人奉獻的結果，卻容易徒增醫療事故或糾紛。

福知山線列車的脫軌事件，儘管JR西日本的姿態備受批評，但多數的意見似乎傾向「若能設置ATS（新型自動列車停止裝置），就能防止事故的發生」。然而，我個人卻覺得應該著眼於人的心理狀態。

不妨試著這樣思考看看吧！假設也發生了事故當日與那位駕駛員同樣的狀況，其他的駕駛員是否會發生同樣的事故——若是因為沒有裝置ATS，想必事故必然會發生了。

但是，情況並非如此。若本身的個性沈穩，即使發車晚了也不驚慌，略微搞亂了班次的時間而遭到責備也不在乎，那麼就不會在那個彎道還以時速百公里的速度奔馳，當然也不會有事故發生了。

經過了那個事故的發生後，許多人應該會慶幸，「還好自己並沒有從事著那樣需要繃緊神經的工作」。

不過，只要活著，就無法預知何時會有壓力或緊張的到來。最重要的是，每個人都要試著成為可以抗壓力的人。

若聽到大地震即將發生，或許真的有人會去做防災準備，但卻幾乎沒有人會為自己即將陷入緊急的狀態而做出心理上的準備。

然而最重要的，難道不是心理上的準備嗎？防範地震的準備只能應付地震時，但心理上的準備卻可以應付各種的情況。

在此介紹一個秘訣，就是先記住自己心理最安定時的脈搏，然後訓練自己始終保持在那樣的狀態。訓練自己的脈搏一分鐘跳動六十七～七十八的範圍內，即使發生少許的突發狀況，也不能讓自己陷入慌張的狀態。縱使發生了緊急的事件，也要與平常一樣，反而以更沉著的態度冷靜應對。

究竟該如何才能成為這樣的人呢？其實因人而異，但有個要領，就是身體力行「放鬆集中」的狀態。所謂的放鬆集中，就是在放鬆的狀態下，還能保持高度的集中力。

舉例來說，就好比是「熱衷於自己喜歡的事情時的狀態」。但又該如何身體力行那樣的狀態？《招喚幸運的大法則》（杉尾常聖著，主婦之友社出版），在這本書中提到了幾個具體的方法，依序介紹如下。

「點燃蠟燭，與鼻子相距一個拳頭的距離，訓練自己不讓鼻息搖曳燭火。在此狀態時測量腦波，得到的結果是，α波從九赫茲變動至十二赫茲。利用這個時候，以拇指與中指做成圓，然後不斷重複之後，但就以手指作出圓形這樣的動作，就能直接反射出α波。」

此時的脈搏位於六十七～七十八範圍內，也就是處於放鬆集中的狀態。若能始終保持這樣的狀態，就不會陷入緊張焦慮，當然也能全力發揮自己的能力。你是否覺得該嘗試看看了呢？

66 閱讀是一生的良友

多年以來，我一直擔任出版企劃者的工作，出版書籍。但並不是因為自己的工作，才要提出這麼的看法，實在是因為人們失去了閱讀則會造成損失。到底是什麼樣的損失呢？就是可能錯過了人生最大的快樂，以及自我成長的機會。

讀書具有有以下的效用。

第一個效用，是「快樂」。在履歷表的興趣欄上，許多人會寫著「閱讀」，因此就不難想像，其實閱讀可以成為一種興趣之，是充滿樂趣的。

第二，是「能帶來益處」。書籍是知識或資訊情報的寶庫。藉由閱讀，可以獲得超過學校所學的知識，另外，從其中也可以學習到人生哲學或生活態度。

第三，就是「能認識到很多的人物」。我們經常從閱讀中，對於小說裡的主角或散文的作者，產生了共鳴之感。同時透過閱讀的方法，也可以見識到各種人生或作者的觀點、看法。另外，隨著年齡增長，閱讀就如同化解孤獨的伴侶，而且經常動腦的結果，也能防止腦部的衰老。

那麼，應該閱讀什麼樣的書籍才好呢？基本上是沒有限制的，只要按照自己的喜好，閱讀任何書籍都無妨。

但是，若依我的經驗來說，如果要確實實踐上述三項效用，最好還是要大略閱讀過那些深受世人評價的古典書籍。

世界名著小說或是思想、哲學相關的書籍，應該是閱讀中不可或缺的，縱使在目前的時代，閱讀的習慣已經逐漸式微，但仍可透過網路、報紙或雜誌等媒介獲得知識與資訊情報。但是，一味依賴那些媒介，則無法養成「閱讀」的習慣了。

倘若無法從年輕開始養成閱讀的習慣，這一生中恐怕就與書本無緣了，那樣將造成無法挽回的重大損失。

有位年輕人曾經說：「我閱讀了很多的書。」我詢問他：「閱讀了哪些書籍呢？」他舉出的盡是銷路很好且引爆話題的書籍。

若是那樣的話，我倒覺得不如不看吧，趁著年輕，應該還是要涉獵古今的名著小說或思想、哲學等相關的書籍。

例如，馬克斯的《資本論》、達爾文的《進化論》、佛洛伊德的著作等，即使內容不甚有趣，但是至少必須略微翻閱過。哲學書籍中，例如康德或尼采等的著作也值得一看。

文藝類型的書籍，不論是日本或西洋的古典作品皆可。近年來，已經很少人提及所謂的「把閱讀當做一種修養」，但是為了品味司馬遼太郎、池波正太郎的歷史小說，還是必須有閱讀過古典著作的經驗，否則很難能夠閱讀那些知名作家所寫的歷史小說。

自我啟發或成功理論的書也不錯，但是就如前章節所提過的，所謂的「成功經驗談」固然有趣，但實際上卻毫無助益。列入銷售排行榜的書籍，則可以讓我們知道目前時代的動向，偶爾翻閱讀也無妨。

閱讀的習慣，就和同一生的良友，這個朋友帶來的不僅是快樂，亦能化解孤獨，甚至還能撫慰我們的苦惱或憂愁，給予我們目標或勇氣，而且，也絕對不會背叛我們。

67 擁有不受人打擾的秘密空間

目前的時代，想要擁有獨自可以鬆口氣、思考事情，甚至能夠安心工作的「獨自空間」，實在是難上加難。然而，為了自我的成長，那樣的空間卻也是絕對必需的。

人們都不喜歡孤獨，竭盡所能迴避寂寞。但是，始終處在人群裡，也會有想要一個人安靜的時候，也就因為身為人類，才會出現這般的矛盾情緒。

最近，中老年人對「秘密空間」懷有強烈的需求與期待，希望偷偷保有任何人都不知道的地方，然後偶爾一個人獨處。雖說是獨處，但不是自閉或與人隔絕。由於平日的生活充滿了人際關係的糾結，所以期待能擁有「不想與人接觸的片刻」，抱著這樣想法的人已經愈來愈多了。

那樣的念頭與年齡無關，是任何人都會湧起的盼望。孩提時代，備受父母親或老師的管教或限制時，應該也有曾經出現「想要一個人獨處」的念頭吧！

步入社會，儘管少了雙親或老師的限制，但只要在公司任職的一天，難免也會接觸到上司、前輩或同事之間的人際關係，工作上的人際關係通常帶來的只有壓力。好不容易下班回到家裡，接下來卻又得面對與家人之間的人際關係。

再加上，電腦或手機等人際溝通工具的日新月異，最後甚至還得處理應付網路、電子郵件等，事實上，真正一個人獨處的時間，實在少之又少。

也許有人認為「那樣也沒有什麼不妥之處」，但是，若缺乏一個人獨處的時間，少了省思自我與思考事物的機會，則無法在精神方面有所成長。

最近的年輕人，即使沒有重要的事情，也會使用手機聊天，或是寄送電子郵件，造成一個人獨處的時間相對減少。若不能學習與自己相處，當別人不在身邊時就會顯得焦慮不安。

現在最重要的是，盡量擁有更多的獨處時間，若能習慣與自己相處，將會帶來無可限量的效用。一個人靜靜思考時，平常未曾留意到的種種事物也就能清楚分明，同時也能釐清自己真正的想法。

中世紀的歐洲，有所謂的告解室，位處於基督教的教會或聖域裡，那是法律或任何公權力都無法干預的神聖之地，是飽受身心折磨的人或乃至於犯罪者等的避難所。為什麼會設置那樣的場所呢？因為人們雖必須遵守社會秩序而生活，但偶爾也必須保有與世俗社會毫無關聯的場所，藉此重新省思自我。

那是能夠從社會的種種約束中獲得解放、自由地思考、反省自我的場所，缺少那樣的空間，人類恐怕也難以生存下去了。所謂私有的、不受任何人打擾的空間，就是屬於你自己的告解室。

那麼，該如何確保那樣的空間存在呢？

其實一點也不困難。即使是在咖啡館、餐廳、小酒館或理髮院，只要固定的時間內確保自己獨處的場所，任何地方都無所謂。例如在自己的活動範圍內，不妨多找幾個類似的場所，可以的話，一天一次，不與任何人交談，悠閒地度過，或是思索、閱讀等。

68 召喚幸運的說話方式

任何人都想要得到幸運，但若事與願違時，大部分的人應該會選擇馬上放棄吧！在這裡，提供一個有趣的說法。

聽說，有可以招喚幸運的說話方式，簡單說明如下，有興趣的人不妨試試。

從結論中大致歸類來說，盡量使用話語中（日文）母音以a為開頭，或是包含許多a音的話語，例如「謝謝」（在日文是以a音為句首）。

謝謝的日語為「arigatou」，在發音上還有兩a的母音，就此也能聯想到其他的句子。

「再見」（日語為sayonara），也是以母音a為首，並含有三個母音a。另外，「失禮了」（日語為oziyamasimasita），也是以母音a為首，共計有四個母音a。

所以，與人分別時可能用到的「再見」、「打擾了」、「失禮了」這三句話比較起來，「失禮了」（日語為situreisimasu），僅有一個母音a，所以最好不要使用比較好。

為什麼要多多使用含有母音a的話語呢？因為無論是說的人或聽的人，都會因此感到心情上的平靜與舒服。另外，在表達喜悅時，與其說：「好高興！」倒不如說：「啊，好高興！」更令人強烈感受到。

這樣的召喚幸福的說話方式，是有理論可循的。

我們人類的腦部，分為左腦與右腦，各司其職。左腦掌控著計算、分析或語言，而右腦則司掌想像力、圖形辨識或直覺力等。

儘管分別管理掌控，但左右腦絕不可能私自發揮功能，而必須藉由腦樑（猶如橋樑般的東西）來聯繫。隨著兩者適切地交換情報，以確保腦部的平衡。不過，就功能上，又以掌控計算、分析或語言的左腦，使用頻率較多。

總之，由於左右腦的使用度並不均衡，所以必須刺激右腦，讓右腦的運作更為發達，如此一來，左腦與右腦之間才能取得平衡。

腦部達到平衡，心情就會感覺舒適，自然地也能提升其效率。尤其是，右腦方面的功能高度提升時，就非常容易招來幸運。

這是杉尾精神科學研究所所長杉尾常勝博士所提出的說法。

根據杉尾博士的說法，人的名字也有著相同的道理，以母音a為首的名字多半能招來幸運，例如，「agemi」、「masayo」這類的名字，就很合乎所謂的母音a優位說的理論。在詠唱祝禱文時，祝禱文中的文句裡，全部共含有七十個母音a，所以才會令人聽起來格外平靜。

人類自己本身擁有召喚幸運的方式，當心情感到舒暢平靜時，就能啟動召喚幸運的契機，經常使用含有母音a的字句，也許就是最快捷的方法吧！

不擅於言詞的人，與其耗費心思去訓練自己的口才，倒不如留心多使用含有母音a的字句，或許能讓人留下美好的印象吧！當然，重複含有母音a的字句，更具有效果。例如電影評論家淀川長治，在電視解說完電影之後，總會重複說著：「再見，再見，再見！」

乍聽之下，有些人會覺得怪異，但漸漸地也深受他的魅力，似乎沒有人對他存有不好的印象。為了抓住幸運之神，不妨就從母音a開始說起吧！

69 成為笑顏常開的人

人際關係中，最重要的就是笑容。能保持笑容的人，無疑擁有了最強大的武器。笑容，不僅能予人印象深刻，也能提振自我的情緒，應該沒有人露出笑容後，卻變得情緒惡劣的吧？也更沒有人會討厭經常保持笑容的人。笑容，其實能夠軟化人心啊！

因此，無論身陷怎樣的困境，也要練習經常保持笑容待人。

人際關係出現問題，多半是因為誤解或錯誤的感覺所導致，若真出現不可解的原因而造成彼此的失和，那倒也無可奈何。但因誤解而錯失的人際關係，卻是得不償失。不過，人生中類似的無奈事件又是何其之多呢？

電影或小說等的劇情裡，經常出現彼此並沒有做錯任何事，卻僅是因為誤解、錯覺或讒言，彼此變成了仇敵。現實生活中，類似的情況應該也不少見。但能化解那樣出乎意外的破局，似乎只有笑容了。

擁有燦爛笑容的人，幾乎不太容易因誤解或錯覺而導致人際關係破綻。然而，有些人儘管沒有絲毫的惡意，卻總是流露出高不可攀的模樣，這樣的人反而經常為了人際關係所苦。

不過，展現笑容卻不是件容易的事。所謂「相由心生」，心理的狀態是會表現在臉上的。若情緒不佳時，即使勉強擠出了笑容，那不自然的臉部表情反而會招致反效果。所以，要成為笑容常開的人，最重要的原則就是讓自己內心也保持笑容常開的狀態。

在電視節目「開運寶物鑑定團」裡擔任玩具鑑定家的北原照久，曾說起他自己的親身經驗。他從很久以前就期待「能建造一座玩具博物館」，但僅有想法與創意，卻缺乏資金與協助的人脈。不過，最後他卻在38歲時實現了這個夢想。

關於能夠實現夢想的原因，他如此說道：「我總是忍不住興奮且高興地與人說起自己的夢想，一開始，大家似乎都不以為意。但這樣不斷且愉悅地對其他人訴說自己的夢想，最後必定也能找到能一同分享的同好。」（《「完整保存版」絕對！30歲出人頭地的生活方式》ＰＨＰ研究所出版）

也就是說，以笑容作為自己待人處世的原則。

那麼，該如何把笑容當作自己人生的原則呢？最重要的就是習慣露出笑容，讓笑容變成習慣就是最佳的秘訣。

展露笑容時，會使用臉部肌肉，因此同時也鍛鍊了微笑肌。每個人都知道鍛鍊身體的肌肉，卻很少人想到鍛鍊臉部的肌肉。

再者，不妨學學演員，對著鏡子練習各種臉部的表情，藉著這樣的努力，你應該也能學會如何保持笑容常開了。

70 你能收到幾封親手寫的賀年卡？

過去，趕在元旦前經由郵寄將成束成捆的賀年卡投遞在信箱的情景，已經愈來愈少見了。取代賀年卡的是，透過手機簡訊或電子郵件來拜年。

那類的電子訊息從除夕開始就能收到，隨著新年的到來，更是蜂擁而至，就像慶賀新年的煙火聲響般，不斷從手機或電腦裡傳出。

「新年快樂，今年仍請多多指教！」

電子郵件裡充斥著相同內容的信件，然後收到的人再依同樣的方式回覆給對方。也就是說，在迎接新年到來的那一刻開始，至少有三十分鐘的時間，每個人的手機或電子郵件是處於不停歇的狀態。

儘管反映出時代變遷後的嶄新文化，但卻令我感到有些難以適應。畢竟，自己交換電子郵件的對象多半就是那些人罷了。

傳送電子郵件的對象，多半是剛剛才在一起聊天的朋友，或是學校、職場裡經常見面的同事等，對於遠方的親戚或較不親近的朋友反而很少透過電子郵件或簡訊來聯繫。

無論是使用電子郵件或手機，那種聯絡方式就好比是從前那個年代同伴們聚在某處聊天一樣。在那個沒有手機的年代，有些朋友是不可能聚在一起閒聊的，但如今使用手機聊天後，就能輕易相互取得連繫，所以新年的賀年電子郵件，最後也不過像是每天說早安之類的普通招呼。

從前賀年卡具有特別的意義，由於有些朋友一年甚至見不到一次面，或是彼此很少通電話聯繫，但畢竟彼此之間還是有著重要且又無法切斷的牽絆關係，於是靠著賀年卡來傳遞訊息。因此，只要年年寄上賀年卡，似乎就能確定彼此人際關係的維繫。因此，也希望大家都能了解賀年卡存在的意義。

隨著手機與電腦的普及，過去寫賀年卡的時代已經過去了，其中最大的改變就是自己不再提筆寫賀年卡了。從前，年關將近時，總會為了迎接新年而忙碌不堪，即使那麼忙錄，在年末的行程計劃表上仍會排上「寫賀年卡」的行程。而為了親手寫賀年卡，往往也耗費許多時日。然而，如今卻不復從前了。

年輕人不在乎地說：「寄賀年卡，還要浪費郵資，還得寫上住址，多麻煩啊！」如今這個年代，只要知道對方的電話號碼就足已，根本不需要再耗費時間知道對方的住址。當然，日後以賀年卡相互連繫的人際關係，應該也會愈來愈少了。

此外，賀年卡的風貌也有所改變，過去幾乎都是手繪，然後再請專人印刷，由於耗時且耗費費用，收到時這樣的賀片卡時反而更讓人感到窩心。

如今，賀年卡已經可以在電腦裡編輯製作，然後再隨著印表機彩色印刷。雖然完成後的成品更為精美，但卻少了那份窩心的情意。更令人難過的是，已經很少看見親手寫的賀年卡了。

「元旦早晨，由於睡晚而未看見新年的日出，不過卻等到了賀年卡。在眾多電腦列印的賀年卡之中，發現了一張連住址都親手書寫的賀年卡。儘管賀年卡上的文字或繪畫稱不上流暢或漂亮，但卻能感受到寄出這張賀年卡的學生的心意。我的目光久久捨不得離開那張賀年卡。」

這是某位學校老師刊登在某報紙的感想文。其實，你能收到多少封手寫的賀年卡，也可以觀察計測出自己人際關係的深度。為了讓自己能多收到一張手寫的賀年卡，就從自己動手開始做起吧！

71 無論如何就是擁有自我的目標

一個沒有目標的人，久而久之就會變成得過且過，因為那是人的本性，也實在無可奈何。不過，既然必須生存在這個有秩序的「社會」，那樣苟且的生活態度恐怕會讓自己難以存活下去。為了提升自我的生活品質，就必須擁有目標。關於這個觀點，不妨試著如此思考看看吧。

就像小孩喜歡玩樂，即使沒有東西可玩了，也會想盡各種辦法找些玩樂的點子。若真是無計可施時，就會顯得落寞或無聊。

我在孩提時代也是如此，而如今，即使自己無法找到可玩樂的東西，卻也有人幫我們設計了許多玩樂的工具。例如看電視、玩電動玩具或其他各式各樣的娛樂，即使不需要自己去尋找，也有好多的遊戲可以讓我們打發時間。

不過，這些別人所給予的娛樂，卻很難產生真正的充實感，因為若是不能符合自己的需求，其實不太可能從其中獲得滿足。

即使是成人也是如此，雖然為了生活而拼命工作，縱使領取到應得的收入，卻依舊無法對自我的人生感到滿足，而期待尋求到充實感。

人們成長後就忘記了，所謂的人類，其實終其一生都在思索追求著「還有什麼有趣的事」、「還有什麼好玩的」，而目標，則可以滿足這些慾望。

人生至高無上的樂趣，就是訂定目標，然後朝著實現的方向前進努力——那是古希臘賢者所說的話，也是通用於任何時代的金玉良言。

看見別人為了目標而努力時，必然也會深受感動，也許有人會以為自己恐怕是做不到的，其實就大錯特錯了。看看艷陽底下奔跑在球場上的高中棒球選手們，他們的目標就是甲子園，所以辛苦也是喜悅的一部份。

「即使是邪惡的目標也好過沒有目標。」這是英國思想家湯瑪斯•卡萊爾所說的話，這句話具有熟記的價值。當然不至於去訂定什麼邪惡的目標，但唯有如此激烈的言詞，才能顯現出卡萊爾對於擁有目標的重視。

那麼，該如何設定目標呢？其實是有訣竅的。如果不經思索就隨意設定，最後恐怕又是半途而廢。所以，必須符合以下的幾個條件。

第一，**必須是「自己喜歡的事」**。考量自己的個性或性格等，找出自己可以堅持下去的喜歡的事。

第二，**最重要的是「對人們有益的」**。縱使是自己喜歡的事，但若是反社會的，既得不到旁人的協助，也會讓自己誤入歧途。所以，至少必須是在不會危害他人的範圍內找尋。

第三，**期待可以「促成自我的成長」**。為達成目標而努力時，若可能因此弄壞了自己的身體，或是讓自己的意志更加消沉，那樣的目標也不應列入考慮之內。

第四，**「不會造成他人的困擾」**。縱使再偉大的目標，也不應該犧牲了家人或周遭的人們。

第五，**「再多的目標也無妨」**。只要目標是符合前四項條件，縱使訂定再多也無妨。而且，最好不要僅有一個目標。

有了目標，縱使遭遇任何處境時，也都能心生生存的勇氣。

72 以不樹敵爲原則

在軍事的專業領域，樹立「假想敵」是稀鬆平常的事，例如「當與那個國家對立時，應該採取何種的作戰方式較為恰當」，所謂的戰略就是必須依這樣假設的前提鋪陳設定。既然是以爭執為前提，最後當然也會演變成那樣的結局。

在企業也有類似的做法，也就是為了防衛企業本身所提出因應的戰略。過去，只要身為體制健全的日本企業，都有因應的M&A，那套策略講述的是各種防衛政策，到了最近，企業的防衛意識更是急速提高。

這個意識的發端在於活力門集團取得日本放送股權的騷動事件，從此，新股權預約權發行或敵意接管等各式各樣的戰略也逐漸浮上檯面，企業無不傾全力防範萬一，守衛本身的企業。

此思考模式也適應於個人，由於個人與個人之間也有相互的競爭關係，設想競爭對手時，相對地也能強化自我的意識，同時為了達到勝利或避免居於弱勢，也會想出因應的戰略對策。

通常，樹敵太多的人，朋友也很多，因此，若能擁有良性的競爭對手，其實也是促使自我成長的最佳機會。

不過，我卻認為「以不樹敵為原則」是最好的生活方式。縱使出現了敵視自己的對象，也不妨置之不理。如此一來，才能生活得快樂，不至於陷入害怕被陷害的擔憂裡。追根究柢，冷淡以對才是最高等的戰略。

為什麼呢？因為威嚇他人以取得自我勝利的時代已經結束了。雖不至於淪入「敗者為勝」那樣荒謬的理論，但多數人還是存在著既不想贏也不想輸的心態。況且贏得勝利後，隨之而來的也不一定是優勢的局面。雙贏共存共榮，才是二十一世紀的主流思考模式。

事實上在這個時代，勝利者已經不能再以勝利者的姿態出現了，看看美國的情況就能了解其中的道理。儘管在美伊戰爭中，美國以正義而戰為名取得最後的勝利，但卻不得世界眾人的諒解，即使打贏了，最後卻也搞得灰頭土臉。

畢竟兩國在各方面的差異實在太過懸殊了。《如果世界是一百人的村落》這本暢銷書，其內容就是依據假設而分析所書寫的，藉此機會，我也來仿效該書的做法，觀察世界兩百個國家的收入現況吧！

假設世界一年的所得為一百萬日圓，日本與美國就佔了四十六萬四千日圓，而後依序為德國、英國、法國、義大利、中國等主要七個國家，共計年所得達七十萬日圓（二〇〇一年的實際統計數字）。

兩百人中竟有七人的收入佔了整體所得的七成，所以剩餘的三十萬日圓則必須由一百九十三人來分攤。這其中的貧富差距之大，又可以從日本與剛果兩個國家的比較而一目了然。

剛果國民一年工作的所得，相當於日本人一天的打工薪資。如此一來，又何需競爭呢？縱使榜首前七名的國家之間存有競爭，但若持續原有的競爭方式，那麼與其他一百九十三國家之間的差距懸殊將會更加蔓延擴張。在小小的地球上，實在無須再搞出那樣慘烈的競爭了。身處在目前的時代，人們應該做的是盡快確立地球化的觀點，以全體人類的繁榮為最首要的考量。

這個趨勢也必然影響到個人的生活態度。所以想想看，在未來的十年，甚至二十年後的世界，戰勝敵人這件事恐怕會被視為再愚蠢不過的行徑。在未來的世界，終究會走向那樣的時代。為了迎向未來的時代，就必須秉持「共存共榮」，而首先就應做到「不樹敵」的原則。

73 試著體驗些許奢華

電視節目裡經常會出現富裕的成功者公開自宅，或是暢談自我的理財哲學。最討厭的是，記者開口閉口總是在詢問「這個多少錢?那個多少錢?」等這類有關金錢的問題，如此非專業的問題也讓人鄙視記者的內涵。

不過，那應該是製作節目的電視台問題。身為富豪必定擁有優於他人之處份，才得以致富，忽視了那個部分，卻僅是就金錢的問題探討，實在是有些本末倒置。

人過了20歲後，至少應該有一次的經驗，去體驗何謂真正的奢華。也就是所謂「些許的奢華主義」，若擁有了那樣的經驗，對自己的未來也有所助益。

奢華可以提升人們要求的標準。例如一個月一次，即使不符合自己的身分與地位也無所謂，養成享用高級法國料理的習慣，長久下來，無論走到何處都能造就不失態的餐桌禮儀，以及令人刮目相看的美食品味。同時，也能提升個人的氣質，促進個人的成長。

為什麼僅是料理就能引起了這麼大的變化，因為其中蘊含著至高無上的奢華，也就是最高等級的文化素養。

僅憑著一幅卓越的畫，也能磨練出美的感性。無論是紅酒也好、鞋子也好，但卻不是瘋狂追求名牌的行徑，而是因為自己真正喜歡，最後直達美的境界，在這一段追尋的過程中，自然也能磨練到自己的素養。

有個名叫彼得•梅爾的人，因為對奢華抱持著學術性的興趣，於是潛入世界富豪的日常生活裡，歷經了四年的時間，終於寫下了《奢華的探求》（小梨直翻譯，河出書房新刊出版）一書，內容闡述富豪的生活型態，以及分析了奢華的哲學。

書中記錄了富豪令人瞠目結舌的奢華模樣。

雖然作者並非富豪，不過由於取得了企劃出版的出版社之優渥採訪費（真是奇特的出版社啊），再加上後來與那些富豪們深交後，最後他對於奢華有了以下的註解。

- 期待享受奢華，似乎是人類與生俱來的本能。
- 雖不願意一生生活在富豪們的世界裡，但奢華卻能慰藉自己，並幫助自己快樂地度過每個令人難受的日子。
- 對於那些提供富豪享受奢華的藝術家們與專業職人們，他們認真工作，並發揮其才能所創作的作品價值，儘管是令人咋舌的高價，但擁有此般的才能並耗費時間創作完成，卻也從未讓人感到廉價過。
- 沒有了奢華，人們的生活還有什麼意義呢？

與一般人相較下，享有更多且各式各樣奢華經驗的作者的意見，儘管看似平凡，卻也精準地說出了奢華的本質。

再介紹書中一段有趣的描述，那是作者與某富豪夫婦共餐時所發生的事。當時，他們使用著難以估算的高價銀製餐具用餐時，該夫人卻感嘆地說道：「這樣的餐具，使用完畢後還得放回銀行的保險箱裡，實在是太麻煩了。」

不是因為珍貴才放進保險箱裡，而是若不放進銀行的保險箱，萬一遭竊則無保險可言了。與如此極盡所能的奢華相較，「些許的奢華主義」或許更接近作者所欲追求的奢華。所以，就把些許的奢華當作一種人生哲學吧，其中必定有值得嘗試的價值。

74 能看見看不到的問題點

世間的人們逐漸短視了，只能看見看得見的東西，而且此類型的人已有愈來愈多的趨勢。為何會演變成如此呢？說穿了就是太過自滿，以為「自己什麼都知道」、「所有的一切只能照自己的想法去運行」。

因此，依據自己的想法去責備、評判他人，或是過分相信自己，不容許自己的意見遭受到批評。其實這些情況都不太好，因而古人曾諫言道：「安身立命顯老成，精進顯成見，急見真章必招致錯誤。」（山本常朝《葉隱》）

所謂安身立命顯老成，是指某些人的既定觀念，以為一旦結婚立業後，自己就能倚老賣老，滿嘴都是人生不過是如何、如何……之類的話語。此外，修身養性之後，就有了自己的成見，以為所有的事情都應該依照自己所想的，而常朝則認為那樣的態度是錯誤的。

最近某個事件，也讓我深刻體會其中的道理。那就是ＪＲ西日本福知山線的列車脫軌事件時，在記者會上，ＪＲ西日本幹部氣焰高漲，大言不慚地說道：「身屬企業，為了賺錢而努力，有什麼不對嗎？雖然對於事故的發生深感抱歉，但卻沒有絲毫違法之情事，儘管出了問題，但都在斟酌考量的範圍之內。」

相對地，詢問的記者也不甘示弱地責備說道：「引起這麼大的事件，卻還擺出這樣的態度，真是不知羞恥啊！」不過，我覺得兩方皆平分秋色，都沒有檢視到事件本質的問題。

就如同過去山一證券的事件，若是ＪＲ能聲淚俱下跪著道歉，或許責備的聲音就會少了些，記者也不會擺出高姿態來批判。最後，一波未平一波又起，原因都是因為問題未曾獲得解決所致。

只要將事故的原因明朗化，由誰負起責任，引咎辭職，然後再低頭道歉說「不會再發生類似事件」，整個事件就可以宣告落幕了。但由於每個人都不想去看見看不見的問題點，才會造成兩方僵持的局面。於是，最後只能永遠追在現實之後補救。

現在最重要的事是，在危險發生前預知並迴避可能發生的狀況。無法做到事先的防範，就是因為不願意去看見看不見的地方，以為「活在世界上，本來就有著難以預測的危險」，受到那樣偏執的觀念驅使，而不願正視問題本身。

根據對「失敗學」相當有研究的工學院大學的畑村洋太郎教授之說法，在六本木之丘所發生的旋轉門致死事件，若依升降梯業界的「10J法則」之計算式推算，普遍認為「沒有人受傷才是不可思議的事呢」。

但是，升降梯業界與自動旋轉門業界是屬於完全不同的領域，對於旋轉門業界來說，那個普遍認同的道理卻不是「人人都認同的」。有時我們以為不可能發生的事，在某些專業領域的人們看來卻是必然發生的事實。所以，若不能傾身努力學習理解各方的知識，恐怕永遠也不能獲知。

想要看見看不見的事物，就必須認識到「那是肉眼所看不見的」，所以應該要用第六感去體會。如此一來，看不見的事物就能隨著「氣氛」或「空氣」顯現出來。不僅是危險或安全方面，即使是良機或危機也能清楚分辨了。欲擁有先見之明，就必須隨時提醒自己帶那雙眼睛去看見肉眼所看不見的事物。

75 目標設定在更高的層級

有這樣奇怪的人。

竟然從東京都主稅局徵收指導室長，轉任到ＩＴ企業雅虎擔任普通的職員。

由於是普通職員，不僅薪水大幅減少，而且每三個月就有新的業績壓力，業績的好壞也決定了未來三個月的薪資多寡。

「實在不可能去屈就於那樣的工作環境。」

大部分的人都會如此認為吧，但他卻對現狀感到非常滿足。

他就是堀博晴，年57歲。

聽到他的年紀時，也許每個人都會大吃一驚吧！

「因為快退休了，所以才會找到這份退休後的工作。」

表面上似乎是如此，但我卻不那麼認為，他應該是個把目標始終設定在更高層級的人。

因為擁有了明確的目標，才會決定選擇轉換職場跑道。

「我並不是對ＩＴ特別專精。因為法拍從滯繳稅金者那裡抵押而來的繪畫等動產時，偶然想起不妨利用年輕部屬經常使用的網路來拍賣看看，才開啟了接觸學習的契機。」（《現代日刊》，二〇〇五年五月十三日刊載）

於是他隨即傳送了電子郵件給雅虎，結果一個禮拜後，對方即表示願意試試看。過了半年之後，即完成了法拍拍賣的系統。

堀博晴感佩對方快速的效率，若換做是公家機關恐怕得耗費一年以上的時間吧。

結果，網路拍賣非常成功，不僅如此，全國的自治團體的徵稅機關皆紛紛前來詢問。

最後，堀博晴只好展開全國性的網路法拍相關巡迴演說。

在那期間，更加深了他「想要將此系統推廣到全國」的決心。

不久，在雅虎的網站看見了招募員工的訊息，所以主動應徵而被錄取了。決定進入新公司之後，任用他的上司問道：「職位該怎麼辦呢？」

他回答說：「一般職員也無所謂。」

所以儘管退休了，也不應該沉浸在過去的成就感與滿足感中，現在開始才是「人生的第二期耕作」。

39歲後的人生，比起39歲前的人生，多數的人會認為在工作方面，「品質層級都會大不如前」，但那卻僅是區就於現狀的人的想法，千萬不能就此感到滿意。一旦解決了眼前的問題，就應該繼續朝著更高的層級而努力。如此積極的人生態度，才是迎向39歲後人生的人生觀。

若不能持續那樣的觀念，不僅自己無法向上提升，恐怕還會停滯在原地。而停滯之後，隨之而來的就是退步。

不論身處在什麼樣的年紀，都要告訴自己，「還可以再堅持下去」，以更高的層級為自己的人生目標而生活下去。

然而，那樣的生活態度卻不是一朝一夕可以養成的。

「我不想在抱怨中完成別人所賦予的工作，所以總是想著，若依自己的立場該如何去做會更好。因此，試著探索問題點，最後提出自己的想法並付諸實行。既然害怕遭到裁員，何不妨拿出自己嘗試的勇氣，不是嗎？」堀博晴如此說道。

這也就是，從年輕開始就以更高層級為目標的人所抱持的人生態度。

39歲前必須領悟的75個道理 Life Net 生活良品038

作　　者　川北義則
翻　　譯　陳柏瑤

總 編 輯　張芳玲
書系主編　林淑媛
特約編輯　劉中薇
內文排版　李秀菊

T E L　(02)2880-7556　FAX：(02)2882-1026
E-mail　taiya@morningstar.com.tw
郵政信箱　台北市郵政53-1291號信箱
網　　址　http://www.morningstar.com.tw

發 行 所　太雅出版有限公司
台北市111劍潭路13號2樓
行政院新聞局局版台業字第五〇〇四號
印　　製　知文企業(股)公司
台中市工業區30路1號
TEL：(04)2358-1803
總 經 銷　知己圖書股份有限公司
台北公司 台北市羅斯福路二段95號4樓之3
TEL：(02)2367-2044　FAX：(02)2363-5741
台中公司 台中市工業區30路1號
TEL：(04)2359-5819　FAX：(04)2359-5493

郵政劃撥　15060393
戶　　名　知己圖書股份有限公司
初　　版　西元2007年02月01日
定　　價　250元
(本書如有破損或缺頁，請寄回本公司發行部更換；或撥讀者服務部專線04-2359-5819#232)

ISBN：978-986-6952-24-1

Published by TAIYA Publishing Co.,Ltd. Printed in Taiwan

國家圖書館出版品預行編目資料

39歲前必須領悟的75個道理／
川北義則作；陳柏瑤譯．
－－初版．－－臺北市：太雅，2007[民96]
面；　公分．(Lift Net生活良品；38)
譯自：39歳の誕生日までにしておくこと
ISBN 978-986-6952-24-1 (平裝)

1. 生活指導

177.2　　95026630

掌握最新的生活情報，請加入太雅生活館「生活品味俱樂部」

很高興您選擇了太雅生活館(出版社)的「生活品味」系列，陪伴您一起享受生活樂趣。只要將以下資料填妥回覆，您就是「生活品味俱樂部」的會員，將能收到最新出版的電子報訊息。

038

這次購買的書名是：生活良品／39歲前必須領悟的75個道理 (Life Net038)

1.姓名：______________________ 性別：□男 □女

2.出生：民國 ______ 年 ______ 月 ______ 日

3.您的電話：__________ 地址：郵遞區號□□□ ______________________________

____

E-mail：____

4.您的職業類別是：□製造業 □家庭主婦 □金融業 □傳播業 □商業 □自由業 □服務業 □教師 □軍人 □公務員 □學生 □其他 __________

5.每個月的收入：□18,000以下 □18,000~22,000 □22,000~26,000 □26,000~30,000 □30,000~40,000 □40,000~60,000 □60,000以上

6.您從哪類的管道知道這本書的出版？□_______ 報紙的報導 □_______ 報紙的出版廣告 □_______ 雜誌 □_______ 廣播節目 □_______ 網站 □書展 □逛書店時無意中看到的 □朋友介紹 □太雅生活館的其他出版品上

7.讓您決定購買這本書的最主要理由是？ □封面看起來很有質感 □內容清楚資料實用 □價格可以接受 □資訊夠豐富 □內頁精緻 □知識容易吸收 □其他____

8.您會建議本書哪個部份，一定要再改進才可以更好？為什麼？

____

9.您是否已經照著這本書開始學習享受生活？使用這本書的心得是？有哪些建議？

____

____

10.您平常最常看什麼類型的書？□檢索導覽式的旅遊工具書 □心情筆記式旅行書 □食譜 □美食名店導覽 □美容時尚 □其他類型的生活資訊 □兩性關係及愛情 □其他____

11.您計畫中，未來會去旅行的城市依序是？ 1. ______________ 2. ______________ 3. ______________ 4. ______________ 5. ______________

12.您平常隔多久會去逛書店？ □每星期 □每個月 □不定期隨興去

13.您固定會去哪類型的地方買書？ □連鎖書店 □傳統書店 □便利超商 □網路書店 □其他____

14.哪些類別、哪些形式、哪些主題的書是您一直有需要，但是一直都找不到的？

____

15.您曾經買過太雅其他哪些書籍嗎？

____

填表日期：______ 年 ______ 月 ______ 日

廣　告　回　信
台灣北區郵政管理局登記證
北台字第12896號
免　貼　郵　票

太雅生活館　編輯部收

台北郵政53-1291號信箱
電話：(02)2880-7556
傳真：**(02)2882-1026**
(若用傳真回覆，請先放大影印再傳真，謝謝！)

地址：________________________________

姓名：________________________________

太雅生活館

有品味的生活學習，從太雅生活館開始